V&R

Hans-Martin Brandt (Hg.)

Begegnungen mit biblischen Gestalten

Mit 8 Abbildungen

Vandenhoeck & Ruprecht

Als Ehemalige des Kirchlichen Oberseminars Potsdam-Herrmannswerder grüßen wir die Teilnehmerinnen und Teilnehmer unseres jährlichen Treffens.

Bibliografische Information der Deutschen Nationalbibliothek

Die Deutsche Nationalbibliothek verzeichnet diese Publikation in der Deutschen Nationalbibliografie; detaillierte bibliografische Daten sind im Internet über http://dnb.d-nb.de abrufbar.

ISBN 978-3-525-63210-9

Umschlagabbildung: AKG-images

Satz: Daniela Weiland, Göttingen
Druck und Bindung: ® Hubert & Co, Göttingen

Gedruckt auf alterungsbeständigem Papier.

Vorwort

Gegen den Strich

Was wäre, wenn die altehrwürdigen biblischen Gestalten der Vorzeit neu zu sprechen begännen? Wenn Abraham und Mose uns heute begegneten und sich mit uns auseinandersetzten? Und wir uns mit ihnen?

Das wäre – dachten wir beim alljährlichen Treffen alter Studienfreunde – wirklich spannend. Wir glaubten fest, dass uns Petrus, Paulus, Maria Magdalena und all die anderen noch heute oder gerade heute viel zu sagen hätten.

Sie lesen, was aus unseren Überlegungen geworden ist: Texte, die den biblischen Gestalten Fragen stellen, sie in ein neues Licht rücken, die sie vielleicht auch einmal schräg von der Seite anreden.

Und siehe da, wir stellen fest: Eines haben sie uns allemal voraus: Sie hören Gott – hören auf ihn oder auch nicht – jedenfalls hat Gott für sie eine Stimme. Oder umgekehrt: Sie haben Ohren, Gottes Stimme zu hören. Denken Sie jetzt: Hätten wir doch auch solche Ohren? Mit solchen Ohren zu hören, das kann man wieder lernen, auch wenn die Fähigkeit verschüttet ist. Wir wünschen spannende Begegnungen,

Hans-Martin Brandt, Göttingen · Henning Hintzsche, Brandenburg · Friedemann Steiger, Schönwölkau · Eckhardt Sehmsdorf, Quedlinburg

P.S. Seien Sie nicht allzu schockiert, wenn es sogleich mit Mord und Todschlag beginnt. Das ist leider wohl eine traurige Wahrheit über das Menschsein. Und seien Sie getrost: Es kann dann nur besser werden!

Inhalt

Altes Testament

Neues Testament

Kain und Abel

Nein zur Todesstrafe

Zur Erinnerung an die Sage vom ersten Mord der Menschheitsgeschichte (und das war gleich ein Brudermord!) hier die Kernsätze aus der Erzählung im ersten Buch Mose im vierten Kapitel (Ich zitiere mit Absicht nicht aus der Lutherbibel; der Text könnte so vertraut sein, dass man in ihm keine Entdeckungen mehr machen kann):

- Abel wurde ein Schafhirt, Kain aber ein Ackerbauer.
- Nach einiger Zeit brachte Kain dem Herrn ein Opfer von den Früchten des Feldes dar. Auch Abel brachte eines dar von den Erstlingen seiner Herde und von ihrem Fett. Der Herr schaute auf Abel und sein Opfer, aber auf Kain und sein Opfer schaute er nicht.
- Da überlief es Kain heiß, und sein Blick senkte sich. Der Herr sprach zu Kain: Warum überläuft es dich heiß, und warum senkt sich dein Blick? Nicht wahr, wenn du recht tust, darfst du aufblicken; wenn du nicht recht tust, lauert an der Tür die Sünde als Dämon. Auf dich hat er es abgesehen, doch du werde Herr über ihn!
- Hierauf sagte Kain zu seinem Bruder Abel: Gehen wir aufs Feld! Als sie auf dem Feld waren, griff Kain seinen Bruder Abel an und erschlug ihn.

- Da sprach der Herr zu Kain: Wo ist dein Bruder Abel? Er entgegnete: Ich weiß es nicht. Bin ich der Hüter meines Bruders?
- Der Herr sprach: Was hast du getan? Das Blut deines Bruders schreit zu mir vom Ackerboden.
- Wenn du den Ackerboden bestellst, wird er dir keinen Ertrag mehr bringen. Rastlos und ruhelos wirst du auf der Erde sein.
- Kain antwortete dem Herrn: Zu groß ist meine Schuld, als dass ich sie tragen könnte. ... rastlos und ruhelos werde ich auf der Erde sein, und wer mich findet, wird mich erschlagen.
- Der Herr aber sprach zu ihm: Darum soll jeder, der Kain erschlägt, siebenfacher Rache verfallen. Darauf machte der Herr dem Kain ein Zeichen, damit ihn keiner erschlage, der ihn finde.
- Dann ging Kain vom Herrn weg und ließ sich im Lande Nod nieder, östlich von Eden.

Recht

Die Sage von Kain und Abel ist ein Fossil der Religionsgeschichte. Sie ist sehr alt. Als sie – vermutlich zur Zeit des Königs Salomo etwa um 950 vor Christus – aufgeschrieben wurde, da war sie auch schon uralt, stand sozusagen unter Denkmalschutz, wurde in frommer Ehrfurcht weiter überliefert. Und das, obwohl schon seit den Zeiten des Mose die Blutrache nicht mehr gültiges Recht für Israel war. Hier aber, in dieser alten Sage soll im Namen Gottes Kain siebenmal gerächt werden.

In der Geschichte von Kain und Abel ist es Gott selbst, der die Blutrache als Recht setzt. Das heißt: Wer immer diese Sage aufgeschrieben hat, er akzeptierte die Geschichtlichkeit des Rechts, das doch von Gott gesetzt war, und er spielte nicht den theologischen Zensor.

Der Sinn der Blutrache in alter Zeit war der Schutz des Lebens durch Abschreckung. Sie hat nur in nomadischen oder noch älteren Lebensformen Sinn gemacht und wird in dem bäuerlichen Zusammenleben auf engerem Raum überwunden durch das „ius talionis“. Das heißt: „Leben um Leben, Auge um Auge, Zahn um Zahn, Hand um Hand, Fuß um Fuß … Beule um Beule“ (2 Mose 21,23–25), nicht mehr als nur das gleiche Teil verfällt der Vergeltung.

Und selbst dieses Recht des gleichen Teils wird schon bei Mose eingeschränkt: „Wenn jemand seinen Sklaven oder seine Sklavin ins Auge schlägt und zerstört es, der soll sie freilassen um des Auges willen (2 Mose 21,26). So entwickelt sich das „kasuistische Recht“, das jeden denkbaren Fall (casus) mit Strafe oder mit Geldzahlung belegt.

Neben diesen verschiedenen geschichtlichen Ausformungen des Rechts ist im biblischen Denken von besonderer Bedeutung das apodiktische Recht, wie es in den Zehn Geboten (2 Mose 20) auf uns gekommen ist: Du sollst … beziehungsweise: Du sollst nicht … In der Bergpredigt Jesu heißt es dann (Mt 5,21): Ihr habt gehört, dass zu den Alten gesagt ist: Du sollst nicht töten … Ich aber sage euch … Das ist apodiktisches Recht, in der Heiligkeit Gottes begründet.

Sage

Ich habe die Erzählung von Kain und Abel eine Sage genannt. Der Begriff der Sage ist vieldeutig. Für gewöhnlich verstehen wir darunter die fantasievolle Ausschmückung eines historischen Kerns. Die Kennzeichnung der Erzählung von Kain und Abel als Sage will etwas anderes sagen. „Sage" ist keine „Schreibe", (was sie für uns heute ist). Sie ist ursprünglich ein Text, der über viele Generationen und Jahrhunderte mündlich überliefert wurde, deshalb holzschnittartig auf das Wesentliche begrenzt.

Hier wird nicht bunt fantasiert. Hier werden Welterkenntnis und Gotteserkenntnis in großer Dichte und in heiliger Scheu vor den Erfahrungen der Väter gewissenhaft von Generation zu Generation weitergegeben. Wir Heutigen, die nicht mehr wissen, was letzte Woche in der Zeitung stand und welchen Krimi wir am Montag gesehen haben, können uns nur schwer vorstellen, was das heißt, ohne Schrift zu leben, ohne Bücher, Zeitungen, ganz zu schweigen von Radio, Telefon und Internet. Angesichts der Inflation von Schriften und Worten ist uns die Ehrfurcht vor überliefertem Wort vergangen.

Das war die längste Zeit, die Menschen über diese Erde laufen, völlig anders. Das überlieferte Wissen war heilig. Das Gedächtnis war gefordert. Das Hirn musste sehr aktiv sein, um die Weidegründe ohne Landkarte wieder zu finden, die gesunden Pflanzen von den giftigen zu unterscheiden, den gestirnten Himmel als Kompass und Zeitenansage zu brauchen, die Jagd zu bestehen und das Zusammenleben zu ordnen.

In den Sagen wurden die diffizilen Dinge der Welterkenntnis und des Glaubens überliefert, ob am Lagerfeuer oder am Kinderbett oder an einer heiligen Stätte. Ähnlich wie Lieder und Sprüche überlieferten sie die Namen der Ahnen, die Geschichte des Stammes und das heilige Recht. Wir kennen diese geistige Welt des mündlich Überlieferten nicht mehr. In Resten gibt es das noch in den Wiegenliedern, die uns die Mutter einst gesungen hat. Die mündliche Tradition hat es heute schwer gegen die Inflation des Neuen. Der Umgang mit alten Texten fällt dem Ungeübten nicht leicht.

Kampf der Kulturen

Die Geschichte von Kain und Abel kann ursprünglich als eine einzelne Sage überliefert worden sein. Sie ist aus sich heraus verständlich. In der Bibel ist sie nun verwoben mit der Schöpfungsgeschichte von Adam und Eva (ab 1 Mose 2,4). Sie ist der Geschichte vom Sündenfall als Fortsetzung zugeordnet.

In ihr begegnet uns die beängstigende Erfahrung des Brudermordes, und zwar ganz konkret in dem blutigen Kampf zwischen Viehhirten und Ackerbauern. „Abel wurde ein Hirte, Kain aber ein Ackerbauer."

Beim flüchtigen Lesen klingt das wie irgendeine Berufswahl: Werde ich Fleischer oder Bäcker? Aber gespeichert ist hier das Erinnern an einen der großen tragischen Konflikte in der Menschheitsgeschichte: den Konflikt zwischen Nomaden und Ackerbauern.

Die ältere Kulturform ist die der Nomaden, die von der Viehzucht leben und stolz und frei ihre Herden über weite Weidegründe treiben. Ganz anders ist die Lebensweise des Ackerbauern, der sesshaft ist auf Grund und Boden. Er ist ein Landbesitzer, ein Hausbesitzer, der seinen Acker und Besitz gegen Nomaden und ihre Herden verteidigt. Er ist einer, der regiert wird von einem König, der gehorchen muss, der hilft, eine Mauer um seine Wohnstatt zu errichten und die Natur zu verändern, einer, der immer beschäftigt sein muss. Wer je Nomaden erlebt hat, die auf ihren Kamelen durch die Weite ziehen, der kann neidisch werden.

In unseren Zeiten gehen die letzten Nomaden ohne Zukunft zu Grunde. Die Ackerbauern haben diesen Kampf längst gewonnen und inzwischen schon wieder verloren an die Industriearbeiter. (Und die Industriearbeiter sind nun am Verlieren gegen die Schlauen, die Computer und Rechner bedienen können.)

In unserer alten Sage verliert der Nomade Kampf und Leben gegen den Ackerbauern. Der Konflikt zog sich durch die Jahrtausende. Aber die Sympathien des Erzählers liegen bei dem Nomaden Abel: Sein Opfer kommt bei Gott an. Das Opfer des Ackerbauern ist nicht das wahre. In Abels Opfer verbirgt sich der wahre Glaube, der rechte Gottesdienst …

Kampf gegen den Dämon

Der „Herr sah gnädig an Abel und sein Opfer, aber Kain und sein Opfer sah er nicht gnädig an“ (in der Lutherübersetzung). In unseren Bilderbibeln wird das oft so dargestellt, dass bei Abel der Rauch in den Himmel steigt, aber der Rauch von dem Altar des Kain schwelt nur. Ihm fehlt der richtige Zug.

Wenn das doch immer eindeutig zu erkennen wäre! In den alten Kulturen war die Opferschau heiliges Priesterwissen.

Die richtige Religion, der wahre Gottesdienst, das sinnvolle, erfüllte Leben, ein Leben von Gott gesegnet … – In unserer Sage gilt das von Abel und seiner Anbetung, sein Opfer ist angenommen. Und Kain ist darauf neidisch, es überläuft ihn heiß und es senkt sich sein Blick.

Gott hat ihn offensichtlich mit Gewissen geschaffen und über dieses Gewissen warnt er ihn: „Warum senkt sich dein Blick? Wenn du recht tust, darfst du aufblicken.“ Wie ist das mit dem freien Blick und dem aufrechten Gang, wenn man neidisch ist oder gierig, wenn man sich weniger angenommen fühlt, minderwertig, benachteiligt, weniger geliebt, nicht so begabt, nicht so erfolgreich wie der andere, nicht so gesund, nicht so hübsch …? – „Wenn du recht tust, kannst du den Blick frei erheben. Wenn du nicht recht tust, lauert an der Tür die Sünde als Dämon. Auf dich hat er es abgesehen, doch du werde Herr über ihn!“ (Der Begriff „Dämon“ ist hier interpretierend eingefügt. Die Lutherübersetzung ist wortgetreu: Wenn du fromm bist, so kannst du frei den Blick erheben. Bist du aber nicht fromm, so lauert die Sünde vor der Tür, und nach dir hat sie Verlangen; du aber herrsche über sie.)

Herr sein über die Sünde, über den Dämon, das ist die Herausforderung. Dämonen gibt es viele. Aber der Neid ist schon ein besonders böser … – Das ist das bedrängende Motiv dieser alten Sage: Die Macht der Dämonen über den Menschen und Gottes Gebot als die Gegenmacht, die uns aufrecht gehen lässt. Und wie können wir recht tun?

Der fromme Israelit würde sagen: Indem ich mit einem Psalm auf die Stimme des Gewissens antworte. Etwa mit Psalm 119:

Ich danke dir mit aufrichtigem Herzen, dass du mich lehrst die Ordnungen deiner Gerechtigkeit. Deine Gebote will ich halten, verlass mich nimmermehr.

Und ein Christ, der in der evangelischen Kirche beheimatet ist, könnte mit dem Liedvers von Paul Gerhardt antworten:

Lass mich mit Freuden ohn alles Neiden sehen den Segen, den du wirst legen auf meines Bruders und Nächsten Haus. Geiziges Rennen, unchristliches Brennen nach Gut mit Sünde, das tilge geschwinde aus meinem Herzen und wirf es hinaus. (EG 449,6)

Die Sage von Kain und Abel ist hier überfragt. Die Sage endet mit dem Elend des Mörders. Ein Gejagter, ein Verfluchter – und einer, der seine Angst mit frechem Maul überspielt: „Soll ich meines Bruders Hüter sein?“ Ein Ruheloser, einer mit schlechtem Gewissen und dem Zeichen auf der Stirn. Man sieht's ihm an. Und doch ist er einer, der weiterhin unter Gottes Schutz steht.

Die Sage sagt: Das Blut schreit zum Himmel und Gott hört das Schreien und straft mit der Ruhelosigkeit des Lebens und mit der Mühe der Arbeit und mit ihrer Vergeblichkeit. Der Acker wird zum Fluch.

Gott straft, aber er will nicht wieder Blut. Da steht doch tatsächlich in einer uralten Sage so etwas wie ein „Nein" zur Todesstrafe! Die Sage eröffnet das biblische Thema von Erwählung und Verwerfung. Sie redet auf ihre Weise von der folgenschweren Macht der Sünde.

Mose

Gnade vor Recht

An Mose

Dir, verehrter Mose, einen Brief zu schreiben, ist ein gewagtes Unterfangen, denn eigentlich kennt Dich ja keiner so genau – keiner weiß so richtig, wie Dein Weg wirklich verlaufen ist. Man liest zwar in „Deinen" Büchern – vom Anfang des zweiten bis zum Schluss des fünften Mosebuches – viel über Dich, aber man weiß doch längst, dass Du ursprünglich nicht zu allen Überlieferungsbereichen (Auszug aus Ägypten, Offenbarung am Sinai, Führung durch die Wüste, am Anfang stehende Landnahme), gehört haben kannst, dass Du vielmehr in die eine oder andere Tradition erst nachträglich hineingewachsen bist.

Ich vermute, dass Du ursprünglich zum Bereich „Auszug aus Ägypten" gehört hast und zum Überlieferungsbereich der Midianiter. Jedenfalls hast Du im Midianiterland Deine Frau Zippora gefunden (2 Mose 2,11ff.) und dort auch Deine Beauftragung durch Gott erfahren (2 Mose 3,1ff.).

Wer Dein „literarisches Leben" liest, Deinem erzählerischen Werdegang folgt, der hat bald vor Augen, dass Du eine ganze Reihe von Aufgaben wahrnimmst: Du bist, um nur einiges zu nennen, der Bote Gottes, der den Israeliten und dem Pharao die Absichten Gottes ausrichtet (2 Mose 3ff.); Du führst Dein Volk aus Ägypten bis hin zum Jordan; Du vermittelst Deinem Volk die Gebote Gottes und seine Weisungen, vertrittst Gott bei Deinem Volk und das Volk bei Gott und nicht zuletzt bittest Du ja auch für Dein Volk.

So manche Aufgabe ist Dir im Laufe der Zeit buchstäblich „auf den Leib" geschrieben worden. Man berief sich ja überhaupt mehr und mehr für vieles auf Dich und unter der Berufung auf Dich waren die Dinge dann einfach richtig und in Ordnung – sakrosankt, unantastbar. Du wurdest nicht nur zu einer, sondern zu *der* Autorität.

Deine große Lebensaufgabe, die geknechteten Israeliten auf Gottes Weisung hin in die Freiheit, in das gelobte Land zu führen, hast Du kurz vor der Erfüllung beenden müssen. Man liest, wie Du das verheißene Land zwar noch vom Berg Nebo aus sehen, es aber dann nicht mehr betreten durftest

(5 Mose 34,1ff.). Es sollte und durfte nicht sein! Warum und wieso nicht? Wer das immer schon wüsste!

In „Deinen" Büchern hat der Dir verordnete endgültige Halt verschiedene Erklärungen gefunden. Da gehört es zu Deinem Bild, dass Du wegen der Schuld des Volkes (5 Mose 1,37; 3,26; 4,21) und auch wegen eigenen Vergehens (4 Mose 20,12; 27,12–14; 5 Mose 32,48–52) das gelobte Land nicht hast betreten dürfen. Gleichviel, auf alle Fälle ist es bitter genug, sein Lebensziel nicht erreichen zu können, sozusagen „vor der Zeit" sterben zu müssen. Das kann die unterschiedlichsten seelischen Reaktionen hervorrufen. Vor der Zeit sterben zu müssen, das will ja auch allemal erst „verkraftet" sein!

Vielleicht kann man davon etwas an Deiner Person, wie Michelangelo (1475–1564) sie dargestellt hat (Abb. S. 17: Mose – San Pietro in Vincoli, Rom), ablesen[1]. Man sieht, wie Du da sitzt und Dein Blick scheint irgendwie betroffen in die Ferne zu gehen. Was mag Dich hier wohl bewegt haben? Davon können die folgenden Worte etwas wiedergeben:

> Gott lässt ihn mit einer ihn selbst betreffenden unheilvollen Botschaft zurück, die seinen „Lebensnerv" trifft. Ihm wird der nahe Tod verkündet. Während sich der Allmächtige von ihm entfernt, blickt ihm Moses, erschüttert darüber, das Gelobte Land nicht betreten zu dürfen, nach: „Der Herr hat zu mir gesagt: Du darfst den Jordan nicht überschreiten."[2] (5 Mose 31,2)

Ja, mit diesem Halt hast sicher auch Du erst einmal fertig werden müssen. Wen es sozusagen aus heiterem Himmel trifft, der gerät leicht aus der Fassung und muss sich dann erst wieder zu fassen suchen.

An Deiner Gestalt sieht man nun aber auch, wie Du die beiden Gesetzestafeln unter Deinem rechten Arm hältst, die wohl die meisten mit den Zehn Geboten, mit dem Berg Sinai (Horeb)[3] und dem Goldenen Kalb (2 Mose 32) in Verbindung bringen werden. Du bist den Israeliten zu lange auf dem Berg geblieben (2 Mose 32,1.23) und so fertigte man sich ein „gegossenes Kalb" und betete an. Es kam zu der Ursünde Israels.

Grotesk ist das, was erzählt wird. Aaron hört: „Auf, mach uns einen Gott, der vor uns hergeht.“ (2 Mose 32,1). Man macht sich einen Gott – man macht sich seinen Gott! Es entsteht ein Gott von menschlicher Hand. In der Verehrung dieses menschlichen Machwerks gibt sich der Mensch letztlich selbst die Ehre! Ich weiß wohl, dass es hier noch sehr viel mehr und anderes zu sagen gibt.

Könnte es wohl sein, dass sich in dem erzählten Geschehen auch ein lange schon schwelender Widerstand gegen Dich und gegen den unsichtbaren Gott, auf dessen Geheiß Du handeltest, ausdrückt und buchstäblich zum Ausbruch kommt? Ich möchte das vermuten. Du aber hast Dich für dieses Volk eingesetzt, Dein Leben hast Du um des Volkes willen vor Gott in die Waagschale geworfen (2 Mose 32,32). Als Du auf dem Berg warst, so liest man in der überlieferten Erzählung (2 Mose 32,7ff.), hast Du vom Zorn Gottes erfahren, von seinem Willen, das Volk nun auszulöschen. Daraufhin hast Du Dich bittend vor das Volk gestellt und Gott hat es sich schließlich „gereuen“, hat Gnade vor Recht ergehen lassen: „Da gereute den Herrn das Unheil, das er seinem Volk zugedacht hatte.“ (2 Mose 32,14).

Ob wohl Dein Bitten und Flehen, mit dem Du Gottes Zorn abwendetest, für Dein Volk hat richtungsweisend sein können in Zeiten, in denen Gottes Zorn spürbar war – etwa in der Zeit des Exils (Verlust der Eigenstaatlichkeit Israels: 722/21 v. Chr. mit Ende des Staates Israel; 587 v. Chr. Ende des Staates Juda – sogenanntes babylonisches Exil)? Hat es den Gedanken nahegelegt, dass man jetzt alles vor Gott bringen und ihn für die Zukunft bitten könnte? Dann wärest Du auch hier so etwas wie eine Leitperson für Dein Volk gewesen.[4] Wahrscheinlich wirst Du mir in diesem Punkt nur zustimmen können. Wenn man von Dir und Deinem Volk erzählte, hat man von der eigenen Situation und Lage gar nicht absehen können.

Übrigens noch ein Wort zu dem Widerstand gegen Dich: Schon früh hat man sich ja gegen Dich gewandt, Dir Vorwürfe gemacht. Man liest, dass Du bei der Verfolgung durch die Ägypter hören musstest: „Waren nicht Gräber in Ägypten, dass du uns wegführen musstest, damit wir in der Wüste sterben? Warum hast du uns das angetan, dass du uns aus Ägypten geführt hast? Haben wir's dir nicht schon in Ägypten gesagt: Lass uns in Ruhe, wir wollen den Ägyptern dienen? Es wäre besser für uns, den Ägyptern zu dienen, als in der Wüste zu sterben." (2 Mose 14,11f.).

Und davor noch wird erzählt, wie auf die Eröffnung von Gottes Absichten der Pharao mit einer noch härteren Bedrückung reagierte und genau dafür gab man dann Dir (und Aaron) die ganze Schuld (2 Mose 5,19–21). Du hast Dich daraufhin ratlos und verzweifelt mit diesen beiden Fragen an Gott gewandt: „Herr, warum tust du so übel an diesem Volk? Warum hast du mich hergesandt?" (2 Mose 5,22).

Ob die frühen Leser bei diesem Erzählzug wohl gedacht haben können: So ist das mit den Boten Gottes – sie haben mit Ablehnung, mit Ratlosigkeit bis hin zur Verzweiflung zu rechnen, wie das ja schon bei „unserem" Mose der Fall war? Ich halte das für gut möglich. Aber wie dem auch sei, die ablehnende Haltung des Volkes setzt sich jedenfalls fort in dem erzählten und bekannten „Murren". Kaum war man auf der Wanderung in der Wüste, da „murrte das Volk wider Mose und sprach: Was sollen wir trinken?" (2 Mose 15,24). Manch einer wird sich das lebhaft vorstellen können: Die karge Wüste, weit und breit kein Wasser und dann Gottes An- und Zusage, mit auf dem Weg zu sein, in das gelobte Land zu führen. Für Konfliktstoff ist bei einer solchen Lage wirklich gesorgt, und zwar bis hinein in den Bereich des Glaubens und des Vertrauens. Auf der einen Seite Gottes Zusage und auf der anderen Seite dann die Wirklichkeit, die dazu nicht passen will. Da ist Anfechtung nicht weit. Man kennt sie in mancherlei Form und Gestalt.

Man liest oft davon, wie sich Dein Volk in der Wüste, fast möchte ich sagen, renitent verhalten hat, wie es mit Dir und zugleich mit Gott alles andere als einverstanden war. Dein Volk misstraute der Führung Gottes und rief seinen Zorn hervor. Dennoch erfuhr es immer wieder seine Hilfe, wenngleich auch erzählt wird, wie das widerspenstige Verhalten nicht folgen- und straflos blieb (4 Mose 14).

„Halsstarrig" aber war das Volk nicht nur an der einen oder anderen Stelle seines Weges, sondern von Anfang an. Man hat Dich ja in Deiner Abschiedsrede im Land Moab rückblickend in dieser Weise sprechen lassen: „Von dem Tage an, als du aus Ägyptenland zogst, bis ihr gekommen seid an diesen Ort, seid ihr ungehorsam gewesen dem Herrn." (5 Mose 9,7b) und „So seid ihr dem Herrn ungehorsam gewesen, solange ich euch gekannt habe." (5 Mose 9,24) – d. h. ja nicht nur dann und wann, sondern auf dem ganzen Weg von Ägypten bis zur bevorstehenden Landnahme war Dein Volk ungehorsam.

Du schärfst ihm ein, dass es nicht etwa auf die Idee kommen sollte, dass das Erreichen des verheißenen Landes auf die eigene Gerechtigkeit, auf die Aufrichtigkeit des eigenen Herzens zurückzuführen sei, dass es vielmehr allein auf Gottes Gnade und Treue beruht (5 Mose 9,4–6).

Widerspenstig und „halsstarrig", so erfährt man also, war Dein Volk während des langen Weges von Ägypten bis hin zum Jordan! Wie war es nur möglich, dass ein solch negatives Bild von Israel gezeichnet werden konnte? Normalerweise lässt man doch an sich selbst auch ein „gutes Haar"! Ich denke, das ist nur möglich gewesen, weil sich diejenigen, die davon berichtet haben, zugleich in der Vergebung Gottes wussten. Man schrieb sozusagen im Schutz der geglaubten Vergebung Gottes. Ob das wohl richtig gesehen ist? Ich lasse das hier einmal offen. Man verstand sich jedenfalls darauf, von der fortwährenden Untreue Deines Volkes ebenso zu erzählen wie von der letztlich immer wieder gewährten Vergebung und Gnade Gottes.

Mich berührt und bewegt es, dass dies erzählt wird, wie Gott seinem ständig untreuen Volk treu geblieben ist. Im Nachdenken über die Treue Gottes und die Untreue des Volkes fällt mir sicher nicht zufällig ein Wort aus dem Neuen Testament ein, aus dem zweiten Brief an Timotheus: „Sind wir untreu, so bleibt er doch treu; denn er kann sich selbst nicht verleugnen." (2 Timotheus 2,13).

An die Treue Gottes sich selbst gegenüber appellierst Du auch, wenn es in Deiner oben schon angesprochenen Bitte heißt: Gedenke an deine Knechte Abraham, Isaak und Israel, denen du bei dir selbst geschworen und verheißen hast: Ich will eure Nachkommen mehren wie die Sterne am Himmel, und dies ganze Land, das ich verheißen habe, will ich euren Nachkommen geben, und sie sollen es besitzen für ewig. (2 Mose 32,13)

Gott lässt sich an sein einmal gegebenes Wort erinnern und bleibt dabei, seine Verheißung einzulösen.

Mit diesen Zeilen habe ich Dir zwar schon so manches Wichtige aus deinem „literarischen Leben“ geschrieben, aber längst noch nicht alles, was in ihm von Bedeutung ist. So habe ich beispielsweise die Offenbarung am Sinai, den sogenannten Bundesschluss und die Gebote und Gesetze für den zwischenmenschlichen Bereich wie auch für den gottesdienstlichen Bereich noch gar nicht erwähnt. Fast muss ich hier um Nachsicht bitten, aber all das in einem Brief von wenigen Seiten anzusprechen, scheint mir ganz unmöglich zu sein. So soll und muss es vorerst bei diesen Zeilen bleiben.

Anmerkungen

1 Michelangelo schuf seinen Mose für die Gestaltung des Grabmals des Papstes Julius II. Zu der langen und wechselvollen Geschichte des Grabmals siehe Franz-Joachim Verspohl: Michelangelo Buonarroti und Papst Julius II. Moses – Heerführer, Gesetzgeber, Musenlenker; Göttingen 2004, in: Kleine politische Schriften, herausgegeben von Alois Riklin, Band 12. Die für die Interpretation informative und anregende Arbeit, auf die ich mich beziehe, legt dar, wie Michelangelo „gezielt vom vorgeprägten ikonographischen Schema“ (S. 62ff.) abweicht und zu einem eigenen Darstellungsgehalt in der Skulptierung des Mose kommt.

2 F.-J. Verspohl, S. 66.

3 Die Interpretation von F.-J. Verspohl macht deutlich, dass es sich bei dem Mose Michelangelos um den zweiten Abstieg vom Berg Gottes handelt (2 Mose 34,29ff.). Darauf weisen auch die Hörner am Kopf des Mose. Sie beruhen auf einem Übersetzungsfehler der Vulgata (des lateinischen Textes der Bibel) bei der Wiedergabe des hebräischen Wortes für „strahlen“; vgl. F.-J. Verspohl, S. 42.

4 Der Entwicklung der Fürbitten des Mose und der Enstehung der entsprechenden Texte ist Erik Aurelius in einer Studie nachgegangen. Hier sei der Eindruck wiedergegeben, den Aurelius in der Untersuchung von 2 Mose 32,7–14 gewonnen hat, dass nämlich „diese Fürbitte von einer wirklichen, nach dem Untergang Judas lebendigen Gebetspraxis beeinflusst ist und dass sie auch auf eine solche Praxis zielt“; vgl.: Der Fürbitter Israels. Eine Studie zum Mosebild im Alten Testament, Lund 1988, S. 96.

Abraham

Gott glauben – wie es anfing

Ach, Abraham

Das ist doch zum Lachen! Da ist einer zum Lachen geboren. Isaak, der zweite Sohn Abrahams (1 Mose 21). Wir lachen mit ihm bis heute. Wir fragen, ob das denn geht. Ich meine rein biologisch. Eine solche Zeugung. Eine solche Geburt. Gottes Möglichkeiten sind anders. Sara muss es wissen. Aber sie hat am lautesten gelacht. Das Lachen einer alten, wissenden, geschmähten und oft gedemütigten Frau. Wie stark ist sie darüber geworden!

Das Ereignis muss eine Woche lang gefeiert werden. Die Geburten von Schafen und Rindern müssen nicht gefeiert werden. Da geht alles normal zu. Das haben sie alle gelernt. Darüber sind sie reich geworden. Schafe und Rinder sind ihre Bankkonten.

Am achten Tag wird der neugeborene Isaak beschnitten. Ob er geschrien hat, ist nicht vermeldet. Es war so Sitte bei den Vätern. Überhaupt die Sitten der Väter. Müssen wir uns daran halten? Wenn nun ihr Ursprung vergessen ist, was sollen dann die guten alten Sitten? Wenn sie nicht mehr in die neuen Lebenszusammenhänge passen, unverstanden, unnötig, ohne Grund und abseits des Ziels?

Nach der Beschneidung gehört Isaak zu Abrahams Volk. Zum auserwählten Volk. Angebot und Gebot Gottes. Beides. Sie müssen befolgt werden. So fing ja auch alles an: *Geh aus deinem Land und aus deiner Freundschaft in das Land, das ich dir zeigen will.* (1 Mose 12,1). Wie schwer ist es uns, an den einen, unsichtbaren, nicht beweisbaren Gott zu glauben! Wie schwer war das damals, als die sichtbaren Götter greifbar, vereinnahmend und mit allen Sinnen erfahrbar die Menschen umgaben, als feste Größen, als von allen anerkannte Gegenüber. Die Regeln der Anbetung waren menschlich. Massenwirksam.

Wir folgen Abraham mit Freude und Dank in die Wüste. Hören wir ihn mit Gott sprechen? Was sagt er? Vielleicht hören wir das:

„Ich danke dir, mein Gott. Ein Wunder ist geschehen. Ich habe nie wirklich daran geglaubt. Gut, du hast mich bis hierher geführt, geleitet und getragen. Ich war zuversichtlich unter den Sternen. Ich sah auf die innere Linie in meinem Leben. Vieles stimmte. Nur nicht die Sache mit der Vielzahl der Sterne, den Nachkommen, dem großen Volk. Das, dachte ich, muss er irgendwie anders gemeint haben. Nun, mein Gott, lachen sie alle. Du lachst. Ich lache. Sara lacht. Da ist einer zum Lachen geboren. Das ist nicht lächerlich. Das ist todernst.

So weit bin ich noch ganz fit. Bis heute habe ich meinen Spaß mit Hagar gehabt, unserer Magd. Wie soll das jetzt weitergehen? Was muss ich machen? Auf einmal habe ich zwei Söhne. Sara hatte mir Hagar, unsere ägyptische Magd, gegeben. Sie war in den besten Jahren, um einen Sohn zu kriegen. Den gebar sie in Saras Schoß. Als ob Sara ihn geboren hätte. Ismael nannten wir ihn, Ismael. Auf ihren Knien und in ihren Armen geboren. Sara nahm diesen Sohn an. Sie machte ihn zu ihrem Sohn. *Gott hat gehört!*

Wir haben auch lange genug gerufen, geschrien, gebetet, gewartet und immer wieder dieser Widerspruch zu deiner

Verheißung. Sara unfruchtbar, wir wollten es nicht glauben. Welche Schmach! Aber nun, das Lachen mündet in Freude. Bleibt die Sorge, wie es weiter gehen soll."

Ja, du guter gläubiger Abraham. Drei Tage hast du in der Wüste verbracht, ohne zu essen und zu trinken. Kaum zu glauben. Hattest du einen schattigen Platz hinter einem Felsen gefunden? Vielleicht auf der Nordseite? Die Nächte werden kühl gewesen sein. Du hülltest dich in deinem Schaffellmantel. Vielleicht warst du mitten am Tag oder gegen Morgen völlig entkräftet eingeschlafen. Du wachtest auf und sahst Gott ins Angesicht. Aber nur, weil er dich vorher angesehen hatte.

Vielleicht hast du auch nur in die ersten warmen Sonnenstrahlen am Morgen gesehen und dich gefreut, dass die Nacht vorbei war. Du hattest Angst gehabt. Das war dir alles zu viel. War es das schlechte Gewissen? Kanntest du so etwas? Du hörtest jedenfalls Gott sprechen. Da war kein Säuseln im leichten Morgenwind. Das klang gewaltig:

„Abraham, ich habe dich erwählt. Ich habe etwas vor mit dir. Du weißt das ganz genau. Warum grübelst du dich kaputt? Warum fragst du jetzt so töricht? Bist du meiner nicht sicher? Bist du deiner nicht sicher? Habe ich mich dir nicht zu Eigen gemacht? Du denkst vielleicht, es waren die drei Männer? Oder einer von ihnen? Sollte die Gastfreundschaft so gemeint sein?

Du denkst vielleicht, Lot habe sie geschickt, um auf Umwegen zu deinem Erbe zu kommen? Schließlich hat er Enkel mit seinen Töchtern und will eine von ihnen mit Isaak vermählen. Sodom und Gomorra. Welch ein Abgrund! Unsere Augen wären lieber blind! Es geht ums Erbe. In all den Jahren habe ich dich auf die Probe gestellt. Ich habe ein Auge auf dich gehabt. Du hast vielleicht gedacht, Gott sieht nicht! Geirrt! Alles habe ich gesehen. Selbst den Segen oder gerade den, denn wie hättest du sonst vorankommen können im Leben ohne meinen Segen?

Dachtest du, ich hätte mein Versprechen vergessen? Ungeduldig warst du. Dir fehlte das Vertrauen. Du triebst es inzwischen mit Hagar. Wüstling. Du lebtest deiner Gier. (Dürfen wir Gott so sprechen lassen?) Sara hatte nichts dagegen. Sie wollte es sogar. Aber jetzt hast du Angst vor ihr. Ismael ist ein kräftiger, tüchtiger und fleißiger junger Mann geworden. Ein richtiger Beduine. Bald wird er Isaak zur Jagd mitnehmen. Sie werden ganz bestimmt Freunde werden ..."

Gott sprach jetzt leiser. Nicht mehr so aufgebracht. Es war mehr ein seelsorgerliches Sprechen. Abraham hörte gut zu. Ihm wurde sogar etwas warm ums Herz. Er fühlte sich verstanden.

„Statt auf meinen Segen zu warten, hattest du den Wunsch, Land zu besitzen. Du bekamst das Land. Ich hatte es dir ja auch verheißen. Nur hieß Land bei mir so etwas wie Zukunft. Oder Leben. Oder Gelingen.

Statt auf meinen Segen zu warten, wolltest du Schätze und Reichtum. Du hast beides erhalten. Einen Teil, als du deine Frau Sara an den ägyptischen Pharao für seinen Harem abgabst und sie als deine Schwester ausgabst, weil du um dein jämmerliches Leben fürchtetest und er dich fürstlich dafür belohnte, und den anderen Teil, weil du fleißig warst mit deinen Knechten.

Statt auf meinen Segen zu warten, hast du dich etwas zu viel um Hagar gekümmert. Sie hat deine Manneskraft immer wieder entfacht. Aber sie hat mit ihrem Seufzen, Stöhnen und Lustgeschrei deine gute Sara erschreckt und verunsichert. Denn ihr Zelt stand nicht weit weg und die Mauer, die du dazwischen gebaut hattest, schluckte die wonnigen Laute nicht."

Gott wurde wieder etwas lauter: „Habe ich dir nicht die Gabe der Rede gegeben? Rede mit deiner Frau Sara! Deine Worte sind nicht dazu da, Wahrheit weiterzugeben. Auch nicht die Wahrheit über mich. Rede mit ihr und schlichtet eure Streitigkeiten menschlich. Dein Arm ist zum Umarmen da. Nicht zum Schlagen. Redet miteinander und du wirst mich verstehen. Bockig in der Zeltecke zu sitzen und Schafskäse zu essen, ohne aufzusehen und aufzuhorchen, ohne verstehen zu wollen und um Verzeihung zu bitten, wenigstens mit einem Blick um Verzeihung zu bitten, das bringt nichts. Da schmeckt der Brotfladen auch nicht und der dünne Pfefferminztee hilft bestenfalls deiner Galle."

Es kann sein, dass wir bei dieser Rede etwas zu sehr von uns ausgehen. Musste eine Frau damals nicht hauptsächlich dienen und gebären? Gab es so etwas wie Liebe in dieser fernen Zeit? Die Menschen gehörten zusammen und blieben zusammen. Der Vater Abraham war der Erzvater. Er hatte das Sagen.

Inzwischen spielen Ismael und Isaak längst miteinander. Sie spielen und sie jagen zusammen. Sie mögen sich. Sie sind beide Söhne Abrahams. Spielen. Jagen. Pfeil und Bogen. Stellen wir uns vor, sie bringen zwei Hasen, ein Rebhuhn und eine Urukatze. „Isaak hat mir beim Anpirschen geholfen.", sagt Ismael. „Er hat ein richtiges Falkenauge. Sogar im Dunkeln durchschaut er das Gebüsch." Hagar staunt, teils überrascht, teils gespielt. „Hol deine Eltern zum Nachtmahl. Ich bereite alles vor. Euer Vater Abraham soll sehen, was für tüchtige Jäger ihr seid ..."

Bei Sara aber ist Lot. Er sät Gift in den kleinen Frieden. „Hast du schon bemerkt, wie sehr sich die beiden Söhne Abrahams verstehen? Das ist nicht gut. Es ist sicher nicht der Wille deines Mannes und auch nicht der seines Gottes. Sie hängen ja wie Kletten aneinander." – „Abraham ist froh", sagt Sara, „wenn seine Söhne sich verstehen und sein Gott sicher auch."

Mir, dem Schreiber, fällt gerade ein, ob wir beide fragen wollen. Aber ich lasse es lieber.

Da hören wir auch schon wieder den Lot sagen: „Du siehst das nicht richtig. Dein Sohn Isaak muss das Erbteil des Erstgeborenen bekommen. Hagar wird sich mühen, wenigstens die Hälfte zu erben." „Du denkst nur an eine deiner Enkelinnen, die im Alter zu Isaak passen würde", bemerkte Sara auffällig gehässig. „Suche dir für deine Brut, nachdem du deine eigenen Töchter geschwängert hast, Ehemänner aus den Nachbarvölkern. Denen macht das vielleicht nichts aus. Mit Abrahams Erbe musst du dich nicht beschäftigen."

Das waren klare Worte. Sehr klar. Aber das Gift wirkte und wirkte. Es war auf die Zeit gerichtet. Dieses Gift wirkte in den wachen Nachtstunden, als sich alles im Kreise drehte, als sich das Herz verdunkelte und die Finsterniskissen den Atem nahmen. Eine erste Antwort hören wir gleich.

Es gibt ein kräftiges Mahl. Es gibt den klaren Befehl: „Der Sohn der Magd darf nicht erben!" Ismael trägt das Mahl auf. Halb Wüstenprinz, halb ägyptischer Leibdiener. Sara sieht Ismael mit Wohlgefallen. Hagars Erstgeborener. Ihrer und Abrahams. Abbild beider. Als sie aber Isaak ansieht, verkrampft sich ihr Herz. Er hat nicht die Leichtigkeit wie Ismael. Er ist nicht so fröhlich und unbeschwert. Er ist ein Beduinenkind. Der Spross eines hebräischen Stammes. Dem Schoß einer Hebräerin entsprungen.

Der Boden ist wichtig für die Pflanze. Ismael stammt zur Hälfte aus den fruchtbaren Boden des Niltales. Isaak ist eine Wüstenpflanze. Wer wird es einmal weiter bringen? Sara quälen Zweifel und Ängste. Lots Gift wirkt bereits. Es vergiftet schon jetzt die Familienidylle. Was soll das erst in den Nächten werden!

Jetzt hat Hagar sogar ein paar Musiker besorgt. Zwei Tänzerinnen wiegen sich im Takt. Sara denkt an ihre Zeit am Hof des Pharao. Sie war seine schönste Nebenfrau. Der herrliche Palast fällt ihr ein. Die heißen Nächte am Nil. Die glühende Zuwendung des Pharao. Sein heißer Atem. Das waren auch ganz schöne Zeiten. Besser, als sich hier mit

Hagar und dem ganzen Erbe abzugeben. Was gingen sie die Schafe und Kamele an!

Nach der kleinen Feier, die bei Sara Erinnerungen weckte, ging sie die paar Schritte zu ihrem Zelt. Es war für sie beschlossene Sache: Hagar und Ismael müssen weg. Lots Gift wirkt. Am nächsten Abend sagt sie zu Abraham: „Jage sie fort. Ich will diese Dienstmagd nicht mehr sehen. Schicke Hagar und Ismael in die Wüste!“ Weiter sagte sie: „Alle Schätze und alles Vieh hat der Pharao mir vermacht.“

Das stimmte. Und warum sollte die das erben, die nichts dazu getan hatte, den Reichtum zu vermehren? Abraham aber wollte aufbrausen und losschimpfen. Da hörte er wieder die Stimme: „Lass es dir nicht missfallen wegen des Knaben und der Magd. Alles, was Sara dir gesagt hat, dem gehorche, denn nur nach Isaak soll dein Geschlecht benannt werden. Aber auch den Sohn der Magd will ich zu einem großen Volk machen, weil er dein Sohn ist.“

Abraham ist bedrückt, niedergeschlagen und verzweifelt. Voll Kummer ist seine Seele. Es zerreißt ihm das Herz, würden wir heute sagen. Gottes Wort und die keifende Stimme seiner Frau. Wieso steht Gott auf Saras Seite? Die aber dachte: Wenn Abraham bereit ist, Hagar und Ismael zu vertreiben, was wird er mit Isaak machen, wenn Gott es von ihm fordert?

Da steht Abraham früh am Morgen auf ... – und schickt Hagar mit Ismael in die Wüste. Viel Proviant gibt er ihnen nicht mit. Alles wird sehr nüchtern geschildert. Gefühle werden nicht zugelassen. Mit dieser Frau hat er seine schönsten Stunden verbracht. Er liebt sie, wenn das geht und schon damals erlaubt und wichtig war. Sie liebt ihn auch, wenn sich das für eine Magd gehörte. Die Rolle als Dienerin genügte ihr.

Aber jetzt wird es richtig dramatisch. Hagar irrt in der Wüste herum. Das Kind verdurstet. Es gibt hier auch unterschiedliche Erzählstränge. Vorher wird von dem Fest der Entwöhnung Isaaks gesprochen, an dem Ismael „Mutwillen getrieben" habe. Da könnte Isaak also höchstens drei Jahre alt gewesen sein. Das passt nicht dazu, dass Hagar Ismael unter einen Busch warf und sich weiter weg setzt, weil sie dem Tod ihres Sohnes nicht zusehen mag. Denn Ismael müsste da vierzehn Jahre und älter gewesen sein. So einer lässt sich nicht einfach unter einen Busch werfen.

Gott aber hört die Stimme des Knaben. Ein Engel kommt. Es ist Gott selbst. Engel sind Erscheinungsformen Gottes. Hagar soll das Kind nicht aufgeben: „Lass deine Hand fest sein an ihm!" Gott hat noch Großes vor. Das verdurstende und von der Mutter aufgegebene Kind soll zum großen Volk werden. Die Landverheißung und die Berufung in ein besonderes Gottesverhältnis fehlen.

Aber nun zu Abrahams Klage. Er hat Fragen. Viele Fragen. Keine intellektuellen, sondern ganz existenzielle. Schreie. Geboren aus einer tiefen Verletzung.

„Sieh meinen Schmerz, Herr, und meine Verzweiflung. Mein Sohn Ismael verdurstet in der Wüste. Herr, wie schön war es mit Hagar. Ihre ganze Schönheit soll nun ein Fraß für die Geier sein? Ist das nun dein Segen? Hast du den Mund nicht etwas zu voll genommen? Sind wir nur Werkzeuge in deiner Hand? Benutzt du uns und wirfst du uns dann wieder weg? Gibst du mit der Rechten und nimmst uns dann mit der Linken? Hast du Freude an unserer Pein? Bist du vielleicht neidisch auf unsere Lust? Und: Was ist mit deinem Bund? Andere Götter darf ich nicht anbeten? Was soll ich machen, wenn du mir nicht hilfst?

Du hast uns befohlen, die Vorhaut unseres Mannesgliedes zu beschneiden. Sollen wir damit gebrandmarkt sein wie die Sklaven in Ägypten? Sind wir deine Sklaven, Herr? Wieso hast du uns erwählt? Warum hast du mir das alles gegeben, nur um es mir jetzt wieder zu nehmen? Willst du mich auf die Probe stellen? Hast du wirklich alles in deiner

Hand? Überlässt du uns nicht zeitweise dem großen Zerstörer? Sind wir ein Spielzeug in deiner Hand? Treibst du mit uns dein Spielchen? Gibt es uns nur, wenn es dir passt? Hast du uns satt? Wirfst du uns weg? Wirfst du einfach so deine Geschöpfe in die Ecke? Bist du ein Kind, das den Spaß am Spiel verloren hat?"

Was wir in dieser Geschichte gehört haben?

1. Es sind alles ganz normale Menschen, von denen hier erzählt wird. Ich würde sagen, wie du und ich, wenn wir nicht andere Moralvorstellungen hätten. Von Sodom und Gomorra berichten allerdings unsere Zeitungen täglich. Die Unterschiede zu damals sind so gewaltig wieder nicht. Entrüstung können wir uns schenken. Wer wird nicht alles „in die Wüste geschickt"? Alte Eltern, die eigenen Kinder, die Ehegatten, Kollegen, Freunde, sogar die persönlichen Überzeugungen, an die sich einer sein Leben lang gehalten hat. Einer entdeckt mal schnell eine Million Euro auf seinem Konto, von der er nicht weiß, wo sie hergekommen ist, und geht dem nicht nach. Das ist mir leider noch nie passiert. Was bedeutet es dagegen, dass Lot seine eigenen Töchter schwängert und Abraham seine eigene Frau an den Pharao vermietet. Im Niederländischen heißt „mieten" „huren". Das verstehen wir besser. Wenn einer nicht an Gott glaubt, ist alles erlaubt. Wie viel mehr, wenn das alles bei Gläubigen möglich ist. Auch sie machen sich ihre Wahrheiten mundgerecht.

2. Was muss unser Gott nicht alles ertragen von damals bis heute? Immerhin war Abraham der Erste, der an den einen, unsichtbaren, nicht beweisbaren Gott glaubte. Echnaton wollen wir hier einmal vergessen. Aber Abraham hätte auch gern etwas gesehen. Die „Stimme" in der Wüste hört er nicht „unvermischt". Viele eigene Klänge schwingen mit. Die dunklen Seiten des Menschen. Der Wüstenwahnsinn. Wofür sind wir wirklich bestimmt? Warum weichen wir ab von den Wendungen zum Guten? Warum handeln

wir gegen unser Wissen? Warum ist uns der Sinn abhanden gekommen?

Es ist ganz einfach: Weil unsere Götter sich vermehren wie die Zustände, in denen wir uns befinden. Weil die Macht des Sichtbaren oder zumindest unsere Sehnsucht danach unsere Tage und Nächte blenden. Weil wir die Dinge in der Hand haben wollen oder zumindest jederzeit verfügbar auf CD und …

3. Das zumindest können wir von Abraham lernen, dass uns die Wüste nicht wahnsinnig machen muss. Es gibt die „Stimme". Darum geh in die Knie. Auf den Boden, in den Sand, den Lehm, den Dreck. Ich denke nicht an Fernreisen in die Sahara. Ich denke an den Dreck, in dem du lebst, der dich umgibt. Nur dort kann etwas geboren werden. Wenn der Boden fehlt, woraus soll etwas sprießen?

Der Knabe Ismael wächst heran. Er wohnt in der Wüste Paran. Seine Mutter nimmt ihm eine Frau aus Ägyptenland. Er wird ein guter Schütze. Er wird wahrhaftig ein großes Volk. Die Muslime berufen sich auf ihn. Die Christen berufen sich zusammen mit den Juden auf Abraham, Isaak und Jakob. Die Geschichte Gottes mit den Menschen geht weiter. Einmal wird einer kommen, auf den sie damals gewartet haben. Ob er vielleicht schon da war? Haben wir darüber unser Leben geändert? Sind wir anderen zum Segen geworden? Fragen wird doch wohl noch erlaubt sein!

Jakob

Erfahrungen mit Gott

Von den sogenannten Vätern Israels (Abraham, Isaak, Jakob) erzählt das erste Mosebuch in den Kapiteln 12–35. Die Erzählungen in ihrer jetzigen Gestalt sind keine historischen Berichte oder Protokolle. Existierten einmal selbständige Einzelerzählungen und ganze Erzählgruppen (z.B. zu Jakob und Esau), so wuchsen sie mit der Zeit unter mancherlei fortschreibender Gestaltung zusammen, wobei die „theologische Hand" an dem, was sich mit Verheißung(en) und Segen verbindet, unschwer zu erkennen ist. Die Erzähler vermittelten ihren Hörern/Lesern die gemeinsame Herkunft und damit verbunden die gemeinsame Gottes- bzw. Glaubensgeschichte.

Von Jakob nun, dem Ahnherrn Israels, liest man in den Kapiteln 25–35 und darüber hinaus in der sich anschließenden Josephsgeschichte (Kapitel 37–50), an deren Schluss erzählt wird, wie Jakob nicht in „fremder Erde" (Ägypten) begraben sein will, sondern seinem Sohn Joseph, dem Sohn der Rahel, das Versprechen abnimmt, ihn im Land Kanaan zu begraben: „…ich will liegen bei meinen Vätern, und du sollst mich aus Ägypten führen und in ihrem Grab begraben."(47,29ff.).

Bewegend ist es zu lesen, was dann erzählt wird, wie nämlich Joseph nach dem Tod seines Vaters Abschied nimmt: „Da warf sich Joseph über seines Vaters Angesicht und weinte über ihm und küsste ihn."(50,1). Beredte und zugleich zeitlose Gesten kommen in den Blick, die bei einem endgültigen Abschied das, was in einem vorgehen kann, nach außen kehren.

Bis heute rühren bei der Lektüre der Vätererzählungen so manche Erzählzüge an. Das hat vor allem damit zu tun, dass im Familienbereich erzählt wird. Wer würde sich denn nicht berührt sehen, wenn er liest, wie Jakob beim angeblichen Tod seines Lieblingssohnes Joseph (37,3.4) untröstlich wird (37,29–35). Davon hat Thomas Mann in seinem Roman „Joseph und seine Brüder" beeindruckend erzählt.[1]

Der Patriarch Jakob war einst selbst Lieblingssohn, der Liebling nämlich seiner Mutter Rebbeka, während Esau, der Zwillingsbruder, von Vater Isaak bevorzugt wurde: „Und Isaak hatte Esau lieb und aß gern von seinem Wildbret; Rebekka aber hatte Jakob lieb." (25,28). Aus der so ungleichen Hinwendung der Eltern zu ihren Zwillingssöhnen entwickelt sich ein lebensbedrohender Konflikt, der Jakob zwingt, für zwanzig Jahre außer Landes zur Verwandtschaft seiner Mutter, zu Laban, zu gehen. Er muss vor dem tödlichen Hass seines älteren Bruders fliehen, den er auf betrügerische Art und Weise um den ihm zustehenden Erstgeburtssegen gebracht hat (27,1–45). Fortan ist Jakob einem als Betrüger vor Augen.

Wieder ist es bewegend zu lesen, wie nach dem von Rebekka angestifteten Betrug Esau vom Feld kommt und der altersblinde Vater Isaak voller Entsetzen den Betrug bemerkt und Esau aufschreit: „Da entsetzte sich Isaak über die Maßen sehr und sprach: Wer? …"; „Als Esau diese Worte seines Vaters hörte, schrie er laut und wurde über die Maßen sehr betrübt und sprach zu seinem Vater: Segne mich auch, mein Vater! Er aber sprach: Dein Bruder ist gekommen mit List und hat deinen Segen weggenommen. Da sprach er: Er heißt mit Recht Jakob, denn er hat mich nun zweimal überlistet." (27,30–40).

Der listige und betrügerische Jakob findet dann freilich in seinem Onkel Laban „seinen Meister" und wird selbst betrogen: Jakob, der betrogene Betrüger! Der an Listen reiche Laban verspricht Jakob seine jüngere Tochter Rahel gegen

sieben Jahre Dienst und gibt ihm dann doch erst einmal die ältere Tochter Lea! (29,16–30).

So stehen am Anfang der „Biographie" Jakobs – richtiger: des erzählten Weges Jakobs – Lug und Trug, aus dem sich dann folgenschwere Dinge ergeben: Aufgrund des erschlichenen Segens muss Jakob seine Familie und das Land verlassen! Er muss ein Land verlassen, das seinem Großvater Abraham, seinem Vater und den Nachkommen (!) verheißen worden war (13,14ff.; 26,1ff.). Es sieht so aus, als ob an eine Erfüllung dieser Verheißung nun gar nicht mehr zu denken ist.

Leicht könnte man bei der Lektüre der Betrugsgeschichte und deren Folgen denken: So ist das eben, Lug und Trug rächen sich und Betrügereien führen zu nichts. Auch könnte man bei dem Erzählzug von der ungleichen Liebe der Eltern zu ihren beiden Söhnen bestätigt finden, dass dergleichen in einem Geschwisterkreis unliebsame Gefühle weckt, die dann für Missstimmung sorgen bis hin zu schlimmen Konflikten. Aber um solcher Wahrheiten willen ist die Jakobsgeschichte nicht erzählt worden!

Die Erzähler haben vielmehr in und bei all dem Menschlichen von vornherein die Geschichte Gottes mit Jakob im

Blick, wie sie vor allem in den beiden Erzählungen vom Traum Jakobs zu Bethel (28,10ff.) und seinem Kampf am Jabbok (32,23ff.) unübersehbar zum Ausdruck kommt.

Beiden Erzählungen kommt für die gesamte Jakobsgeschichte ein erhebliches theologisches Gewicht zu. Jakob muss zwar fliehen, aber auf dem Weg zu Laban hat er den Traum seines Lebens, den er nicht vergessen wird. Ihm träumt von einer Himmelsleiter, auf der die Boten Gottes auf und nieder steigen. Als er erwacht, wird ihm deutlich: „Fürwahr, der Herr ist an dieser Stätte, und ich wusste es nicht!" Es gehen ihm buchstäblich die Augen auf für die Gegenwart Gottes.

So kann es gehen: Man lebt seine Tage und Nächte und mit einem Mal gehen einem die Augen auf. Man meinte, schon alles zu kennen, aber jetzt sieht und erkennt man es wirklich. Aber nun sieht Jakob nicht nur jene Leiter, sondern er hört, wie ihm Landbesitz und Nachkommenschaft zugesagt werden, und er hört darüber hinaus noch, dass Gott ihm auf seinem Weg beistehen und ihn wieder in das Land zurückbringen will: „Und siehe, ich bin mit dir und will dich behüten, wo du hinziehst, und ich will dich wieder herbringen in dies Land." (28,15).

Hier kann einem vor Augen sein, dass Gott für seine Verheißungen einsteht, und zwar auch dann noch, wenn alles gar nicht danach aussieht. Es sah ja bisher so aus, als ob an eine Erfüllung der Verheißungen gar nicht mehr zu denken sei, nun rückt diese Erzählung alles wieder in ein neues Licht. Jakob hat zwar dann bei Laban so seine Mühe, aber deutlich wird, wie sich die Verheißungen nun zu erfüllen beginnen: Ihm werden Söhne geschenkt, die die Namen der Stämme Israels tragen, und er kommt zu Reichtum und kann schließlich mit Frauen, Kindern und Herden wieder heimwärts in das verheißene Land ziehen. Hier könnte die Jakobsgeschichte ihren Schlusspunkt finden. Ende gut, alles gut – aber für Jakob ist längst noch nicht alles gut!

Auf dem Heimweg in das verheißene Land holt ihn nämlich die Vergangenheit in der Gestalt seines Bruders wieder ein. Vor Esaus tödlichem Hass hatte er in die Fremde fliehen müssen. Ein Wiedersehen muss daher Schlimmes befürchten lassen. Um Esau versöhnlich zu stimmen, trifft Jakob Vorkehrungen (32,4ff.) bis hin zu einem Gebet, in dem er um Errettung „von der Hand meines Bruders, von der Hand Esaus“ bittet und Gott beim Wort nimmt: „Du hast gesagt: Ich will dir wohltun und deine Nachkommen machen wie den Sand am Meer, den man der Menge wegen nicht zählen kann.“ (32,13).

Man kann sich wohl die Unruhe und das Gespanntsein eines Jakob vor der Begegnung mit Esau gut vorstellen. Ja, wie wird die Begegnung der beiden Brüder ausgehen? Noch ist es nicht so weit, dass davon erzählt werden kann. Jakob nämlich muss vorher noch in eine Nacht, wie sie unheimlicher nicht sein kann (32,23ff.).

Unversehens sieht er sich im Dunkel der Nacht von einem „Mann“[2] angegriffen (32,25), von dem er sich, um gesegnet zu werden, unter gar keinen Umständen abbringen lässt: „Ich lasse dich nicht, du segnest mich denn.“ Er kann schließlich mit dem Segen Gottes versehen den anbrechenden Tag – es „ging ihm (!) die Sonne auf“ – begrüßen, hinkend zwar, weil im nächtlichen Kampf verletzt, aber darüber staunend, dass er mit dem Leben „davongekommen“ ist: „Ich habe Gott von Angesicht gesehen, und doch wurde mein Leben gerettet.“ (32,31).

Zwischen seiner ringenden Bitte um den Segen und seinem Gesegnetwerden wird dann unter anderem erzählt, wie er, Jakob, einen neuen Namen bekommt: „Du sollst nicht mehr Jakob heißen, sondern Israel.“ (32,29). Die Erzählung macht hier deutlich, wie sich das Volk Israel in diesem Jakob wiedererkennt. In ihm, „der alles losgelassen hat, der sich verbissen an Gott klammert und – nicht in der Pose des Überlegenen, sondern des im Kampf Gekrümmten – den Segen fordert, in diesem Jakob hat sich Israel bleibend wiedererkennen wollen. Das Volk Israel hat diesen Jakob deshalb zu seinem Stammvater gemacht, ausgezeichnet mit seinem eigenen Namen, Israel. Das dürfte die tiefste Gründungserzählung sein, die sich je ein Volk gegeben hat.“[3]

Wie von selbst kann sich diese vielschichtige und mehrdeutige Erzählung von Jakobs Kampf am Jabbok in einigen ihrer Erzählzüge öffnen für Erfahrungen, die bis heute gemacht werden. Deutend spricht man daher auch von „Anfechtung“ und davon, dass sich Gott in und mit seiner Güte zu erkennen geben und sich dann wieder der Wahrnehmung entziehen, sich unkenntlich machen kann. Manch einer kann hier in eigener Sache erzählen und nicht selten klingt dann rückblickend ein Staunen darüber an, dass es dennoch hat weitergehen können – ein Staunen, das dem Staunen eines Jakob durchaus benachbart ist.

Er, Jakob, sieht nun – unmittelbar nach seinem nächtlichen Kampf am Jabbok! – der Begegnung mit seinem Bruder entgegen. Er sieht Esau kommen und verneigt sich siebenmal vor ihm: „... und neigte sich siebenmal zur Erde, bis er zu seinem Bruder kam. Esau aber lief ihm entgegen und herzte ihn und fiel ihm um den Hals und küsste ihn, und sie weinten.“ (33,4).

Man ist von dieser Szene bewegt, zugleich kann man aber auch von Esaus Verhalten überrascht sein. Hat sich Esaus tödlicher Hass in der langen Zwischenzeit gelegt, wie Mutter Rebbeka mutmaßte (27,43ff.)? Heilt Zeit Wunden auch hier? Mag sein, mag nicht sein. Oder hat Esaus Verhalten mit der siebenmaligen Verbeugung Jakobs vor ihm zu tun, die einem Schuldeingeständnis gleichkommt? Jeder wird sich so sein Bild machen. Vielleicht aber ist hier auch ein anderer am Werk, der Jakob zugesagt hatte, ihm zur Seite zu sein, und an den sich Jakob in seinem Gebet gewandt hatte. Er, Jakob, jedenfalls sieht Gottes Freundlichkeit, seine weiterhelfende Nähe, wie sie ihm zuletzt bei seinem Kampf am Jabbok widerfahren war (32,31), wenn er zu seinem Bruder sagt: „Ich sah dein Angesicht, als sähe ich Gottes Angesicht und du hast mich freundlich angesehen.“ (33,10).

In der Versöhnung mit seinem Bruder wirkt sich der Segen aus, der ihm in jener Nacht zuteil wurde. Hatte er bei seinem Betrug den Segen eigenmächtig, auf betrügerische Art und Weise an sich gebracht, was folgenschwer genug war, so hatte er in jener Nacht nur ringend um den Segen bitten können, der ihn nun erneut begleitet.

Im Nachdenken darüber sehe ich mich an eine Zeile eines bekannten Kirchenliedes erinnert, in der es heißt, dass Gott sich „gar nichts nehmen“ lässt, es vielmehr „erbeten“ sein muss: „Mit Sorgen und mit Grämen und mit selbsteigner Pein lässt Gott sich gar nichts nehmen, es muss erbeten sein.“ (aus Vers 2 des Liedes „Befiehl du deine Wege“, EG Nr. 361).

Der weitere Erzählverlauf zeigt, wie sich die beiden Brüder friedlich voneinander trennen und Jakob als ein wahrhaft Gesegneter seinen Weg nach Hause fortsetzen kann. Auf seinem Weg kommen ganz unterschiedliche Gotteserfahrungen zur Sprache, wie in aller Kürze beschrieben. Ob sich die ein oder andere Erfahrung nur und nur mit dem Namen Jakob oder mit dem Namen Israel belegen lässt?

Natürlich konnte hier längst nicht alles, was in der Jakobsgeschichte von Bedeutung ist, angesprochen werden. Die eigene Lektüre wird daher noch genug an Entdeckungen machen können.

Anmerkungen

1 Thomas Mann, Joseph und seine Brüder, Frankfurt am Main 1964, S. 467ff. (Der junge Joseph, Siebentes Hauptstück: Der Zerrissene)

2 Die Identität des nächtlichen Angreifers, jenes „Mannes“ in V. 25, beschäftigt immer wieder die Gedanken der Ausleger. In der jetzigen Textgestalt wird deutlich, dass Jakob erkennt und weiß, dass er es mit Gott zu tun hat (V. 27; V. 31). Der Prophet Hosea kommt einmal auf Jakobs Kampf zurück; bei ihm liest man: „Er kämpfte mit dem Engel und siegte, er weinte und bat ihn“ (Hos 12,5). Hinter jenem „Mann“ aus 1 Mose 32,25 und dem Engel bei Hosea „verbirgt sich Gott – hinreichend, um seine Unverfügbarkeit vor menschlichem Zugriff zu schützen, aber unvollständig genug, dass sich seine Identität mit dem attackierenden Mann oder Engel als Frage für jeden aufmerksamen Leser aufdrängt.“ – So Herrmann Spieckermann unter Mitarbeit von Susanne Dähn, Der Gotteskampf: Jakob und der Engel in Bibel und Kunst, Zürich 1997, S. 37.

3 Hermann Spieckermann erinnernd an Gerhard von Rad, S. 24.

Bileam

Segnen statt fluchen

Seinem Kind einen biblischen Namen zu geben, ist nach wie vor beliebt: Sarah oder Maria, Benjamin oder Thomas, das sind nur wenige Beispiele. Wer aber käme auf die Idee, sein Kind nach Kain zu benennen, dem Brudermörder, oder nach Judas, dem Verräter? Beide hätten einen Verteidiger verdient, um ihnen mildernde Umstände zu bescheinigen. So auch Bileam. Auch sein Ruf ist äußerst schlecht. Er gilt als Prototyp eines Habgierigen (2 Petrus 2,15) und als ein Verführer zum Götzendienst (Offenbarung 2,14). So ist auch er in keinem Vornamenbuch verzeichnet.

Ich versuche, anhand der einzigen Episode, die von ihm bekannt ist, sein Anwalt zu sein. Sie findet sich im 4. Mosebuch, Kapitel 22–24 und könnte die Überschrift tragen „Von Bileam und seiner gottesfürchtigen Eselin".*

Sie spielt in grauer Vorzeit, etwa 1200 Jahre vor Christus. Sie wurde unter den Stämmen Israels von einer Generation zur anderen weitererzählt. So wie auch die Geschichten vom Auszug aus ägyptischer Knechtschaft und von den Jahrzehnten der Wüstenwanderung, also davon, dass Gott sie als sein auserwähltes Volk bewahrt hat, auch in den Auseinandersetzungen mit anderen Volksgruppen und Stämmen, zum Beispiel den Moabitern.

Hier nun setzt die Bileam-Geschichte ein. Auch sie war im Langzeitgedächtnis Israels haften geblieben, allerdings

* So lautet der Titel einer Ballade von Klaus-Peter Hertzsch.

– wie könnte es anders sein – in unterschiedlichen Varianten. Und als Israel sesshaft geworden war, schrieb ein „Redakteur" auf, was er darüber erfahren konnte. Dabei hat er unbekümmert zwei Traditionsstränge miteinander verknüpft.

Der Leser wird bemerken, dass mal von „Gott" (Elohim), mal von dem „Herrn" (Jahwe) die Rede ist. Er wird einige Widersprüche entdecken und Doppelungen ziehen die Erzählung sehr in die Länge. Man könnte das alles mithilfe von Exegeten mühsam entflechten, verlöre dann aber die Freude an der Dramatik und dem unterschwelligen Humor.

Wir werden nun Bileam und seine Eselin begleiten, sie dabei näher kennenlernen und kleine literarische Stolpersteine einfach umgehen. Und vielleicht entdecken wir, wie so oft in der Bibel, Bezüge zu unserem eigenen Leben.

Kapitel 22

Vers 1–4. Gleich zu Beginn wird die ganze Dramatik der Erzählung ausgelöst. Die Israeliten haben die Mühsal von Wüste und Steppe hinter sich gelassen. Nun lagern sie in der östlichen Jordanebene, nahe dem Toten Meer, nicht weit vom Siedlungsgebiet der Moabiter, in saftigen Weidegründen. Die Menschenmenge ist kaum zu überblicken. Es ist, als wäre ein Schwarm riesiger Heuschrecken über das Land hergefallen. Den Moabitern und ihrem König wird angst und bange. Sich mit ihnen kriegerisch anzulegen, scheint nicht ratsam zu sein. Das hatten schon die Amoriter erfahren müssen.

Vers 5–13. Da könnte nur jemand helfen, der mit göttlicher Vollmacht die Israeliten verflucht und dadurch schwächt. So jedenfalls hofft Balak, der König der Moabiter. Ein Mann gilt als besonders kompetent – Bileam. Er wohnt in Petor am Euphrat, also in Mesepotamien, in jener Region, in der von jeher Sterndeuter, Wahrsager und Magier zu Hause sind. Balak ist überzeugt: Wen Bileam segnet, der ist gesegnet, und wen er verflucht, der ist verflucht. Und so schickt er Boten, zwanzig Tagesreisen weit, um Bileam holen zu lassen. Sie tragen ihr Anliegen vor, den Lohn als Lockmittel in den Händen. Doch solch ein Dienst ist keine Ware. Segen oder Fluch sind nicht käuflich. Bileam braucht Bedenkzeit, die Stille der Nacht, eine göttliche Eingebung. Es kommt zu einer Zwiesprache mit Gott.

So nüchtern stellt es sich der Erzähler vor, der die okkulten Praktiken orientalischer Magier kaum gekannt hat. Am Ende dieses Gesprächs sagt Gott: „Geh nicht mit ihnen. Verfluche das Volk auch nicht, denn es ist gesegnet." – Ein Segen, einmal ausgesprochen, gilt ohne Wenn und Aber (sogar jener Segen, den Isaak irrtümlicherweise seinem jüngeren Sohn Jakob gegeben hatte!). Die Boten Balaks müssen also unverrichteter Dinge wieder abziehen, denn „Der Herr (Jahwe) will's nicht gestatten."

Bileam kann hier ein Vorbild sein. Er fällt eine wichtige Entscheidung nicht „aus dem Bauch heraus" oder nach menschlichem Kalkül. Er will die Nacht hindurch den Willen Gottes erkunden und danach handeln.

Vers 14–20. Balak, der sich und seine Moabiter so sehr bedrängt fühlt, gibt nicht auf. Er sendet erneut Boten zu Bileam, dieses Mal Männer von hohem Rang. Die Bereitschaft, Israel zu verfluchen, soll üppig honoriert werden. Doch Bileam dämpft von vornherein ihre Erwartungen: „Wenn mir Balak sein Haus voll Silber und Gold gäbe, könnte ich doch nicht übertreten das Wort des Herrn, meines Gottes, weder im Großen noch im Kleinen." Es ist ein kostbares Bibelwort, wenn auch ein orientalischer Seher kaum von Jahwe als „seinem" Gott geredet hat. Wäre das heutzutage der Leitspruch für jeden Entscheidungsträger und für uns selbst, es gäbe weder Bestechlichkeit noch Korruption.

Wieder nutzt Bileam die Nacht, um den Willen Gottes zu erkunden. Die Überraschung am Morgen: Er darf sich mit den „Fürsten" Balaks auf den Weg machen, unter der Bedingung, (an Ort und Stelle) nur zu tun, was Gott ihm sagen wird.

Vers 21–35. Er sattelt seine Eselin, begleitet von zwei Sklaven – also auch er ist von hohem Rang – und macht sich auf die weite Reise. „Aber der Zorn Gottes entbrannte darüber, dass er hinzog." Der Leser ist irritiert. Der Redakteur hat hier unterschiedliche Erzähltraditionen nicht in Einklang gebracht. Oder das „Halt! Nicht weiter!", das im Folgenden so dramatisch geschildert wird, soll eine innere Wandlung Bileams vermuten lassen. Vielleicht hat er doch noch einmal über Gold und Silber nachgedacht? Das fremde Volk zu verfluchen, würde sich lohnen. Eine sehr menschliche Schwäche, durchaus nachzuvollziehen (Die Gestalten der Bibel werden niemals idealisiert; sie sind stets sehr „menschlich", also auch schwach und verführbar).

Und so stellt sich dem Seher Bileam plötzlich Gott in den Weg – Gott in Gestalt eines Engels. Die Eselin nimmt den Engel wahr – nur die Eselin, Bileam nicht. Sie schert aus, bäumt sich auf, tritt, ist nicht zu bändigen. Und als sie wieder und wieder geschlagen wird, fängt sie an zu reden und macht ihrem Herrn bittere Vorwürfe. Der aber möchte das arme Tier am liebsten umbringen. Dann endlich werden auch ihm die Augen geöffnet. Er erkennt den Engel Gottes. Furcht überkommt ihn und er muss sich sagen lassen: Bileam, dein Weg ist verkehrt.

Nachdenkenswert ist an dieser Stelle, ob und wann Gott in unserem Leben ein Stoppsignal gesetzt hat und ob dabei auch uns die Augen geöffnet wurden. Bileam jedenfalls bekennt, dass er gesündigt hat, und ist bereit umzukehren. Aber die innere Umkehr genügt. Er ist nun erneut bereit, nur zu reden, was Gott von ihm verlangen wird. Er darf seine Reise fortsetzen.

Diese kleine spannende Episode hat märchenhafte Züge. Ein Tier spricht. Und Tiere sprechen ja wirklich. Sie haben eine ausgeprägte Körpersprache, bringen ihre Empfindungen zum Ausdruck, ob Freude, Angst, Eifersucht, Sympathie, Abneigung. Wenn der Hund sich winselnd verkriecht oder die Katze ihre Krallen ausfährt und faucht, versteht ihre Sprache jeder.

Hier also spricht eine Eselin. Herauszuhören ist der Aufschrei aller gequälten Tiere, unserer Mitgeschöpfe. Was wären wir ohne sie? Wie liebevoll, das heißt artgerecht, gehen wir mit ihnen um? Die Esel, vielleicht unsere ältesten Haustiere überhaupt, sind nun mal von eigenwilliger Art. Es fällt ihnen schwer, dem Menschen untertan zu sein.

Esel sollen gehen, wohin sie nicht wollen, ziehen, auch wenn es über ihre Kräfte geht, sollen tragen, obwohl die Last sie fast erdrückt, fressen, was man ihnen vorsetzt. – Ein Esel gibt zu verstehen, was ihm nicht behagt. Er kann herzerweichend schreien. Oder er verweigert sich, bleibt mitten auf dem Weg stehen, wie angewurzelt. Da hilft kein Schlagen und kein Zerren, nur ein geduldiges Abwarten, bis er sich endlich wieder in Trapp setzt. – Nein, der Esel ist nicht „störrisch". Er will nur – wie andere Tiere auch – respektiert werden.

Gewiss, er soll uns gehorchen, aber wir sollen auch auf ihn hören! Denn er ist keineswegs „dumm". So hat man ihn schon in der Antike verunglimpft. Anders in der Bibel. Hier gehören die Esel zu unserem Reichtum, nicht nur als Last- und Zugtier, sondern sogar als Vorbild für uns oft so dummen Menschen: „Ein Ochse kennt seinen Herrn und ein Esel die Krippe seines Herrn, aber mein Volk versteht's nicht." (Jesaja 1,3). – Genauso wissen Storch, Kranich und Schwalbe besser als wir Menschen, wann es heißt umzukehren (Jeremia 8,7)!

Vers 36–41. Balak, der Moabiter-König, erfährt, dass Bileam zu ihm unterwegs ist. Er eilt ihm entgegen, sicher als Zeichen der Ehrerbietung, aber auch mit dem zarten Vorwurf: Warum erst jetzt!? „Meinst du, ich könnte dich nicht ehren (sprich: honorieren)?" – Wieder lockt die materielle Versuchung. Doch Bileam bleibt standhaft: „Kann ich etwas anderes reden, als Gott mir in den Mund legt?"

Und nun inszeniert der König ein Opfer, wohl um Bileam mit moabitischen Gottheiten, vielleicht Baal, in Kontakt zu bringen. Es ist zugleich ein Gemeinschaftsmahl: Du, Bileam, gehörst jetzt zu uns, den Moabitern. In diesem Sinne soll nun der Seher wirksam werden, auf dem Berg „Balmot-Baal" mit einem Ausblick über das Volk der Israeliten.

Kapitel 23

Vers 1–10. Zuvor ordnet auch Bileam Opfer an, sehr aufwendige und sieben an der Zahl, um noch einmal den Rat vom Gott Israels einzuholen. Vielleicht soll Balak bei dieser ihm vertrauten Prozedur merken, wer hier allein für Segen oder Fluch zuständig ist. Ansonsten wäre ein einziges Opfer schon eines zu viel. Denn Gott offenbart sich dem Bileam an ganz anderer Stelle, auf einem kahlen Hügel. Er tut ihm zum wiederholten Male seinen Willen kund. Genauer gesagt, dem Seher wird „das Wort in den Mund gegeben."

Ähnliche Erfahrungen dürfen auch wir machen. Unsicher, was wir in schwieriger Situation sagen sollen, kommt uns plötzlich eine Eingebung.

Dass aus Bileam nicht menschliche Weisheit spricht, wird durch eine feierliche, poetische Sprache unterstrichen: „Wie soll ich fluchen, dem Gott nicht flucht? Wie soll ich verwünschen, den der Herr nicht verwünscht?" Das heißt, Gott steht zu seinem Volk, hat es gesegnet, sichtbar an seinem Wachstum. Nicht zu zählen ist „der Staub Jakobs". – Bileam möchte mit hinein genommen werden in diesen Segen. Das ist ihm offenbar mehr wert als die „Ehrungen" des Königs.

Vers 11–24. Der ist enttäuscht, gibt aber nicht auf, führt Bileam „an einen anderen Ort", auf das „Späherfeld". Ein Fluch, im Sichtkontakt zu den Israeliten ausgerufen, würde den Segen auslöschen, so meint er. Und weitere Opfer würden das ihre bewirken. – Doch das Gegenteil geschieht. Bileam muss ein zweites Mal und in verstärktem Maße den Segen bestätigen: „Gott ist nicht ein Mensch, dass er lüge … Sollte er etwas reden und nicht halten?" Er hat das Volk aus Ägypten geführt und Wunder an ihnen getan. Bileam spürt: Israel hat es gar nicht nötig, Gottes Beistand durch Zauberei und Wahrsagen zu beschwören. (In Israel war man bemüht, sich darin von allen anderen Völkern zu unterscheiden. Okkulte Praktikern waren streng verboten.)

Vers 25–30. Balak scheint einen Moment zu resignieren, drängt aber den Seher ein letztes Mal, an sieben Altären zu opfern, um den göttlichen Ratschluss zu beeinflussen.

Kapitel 24

Vers 1–9. Doch am Willen Gottes, sein Volk auch weiterhin zu segnen, ist nicht zu rütteln – auch nicht mit aufwendigen Opfer- oder Zauberritualen. Bileam sieht, wie das Volk sich gelagert hat, geordnet nach Stämmen. Und wieder kommt Gottes Geist über ihn und er muss seinen Mund auftun und ein drittes Mal Segensworte sprechen. Noch einmal gibt er dem König zu verstehen: Es sind nicht meine eigenen Worte. Ich, Bileam, bin ein „Hörer göttlicher Rede", einer, „dem die Augen geöffnet werden, wenn er niederkniet".

Und in einer Vision sieht er Täler, die sich wie Gärten ausbreiten, mit üppiger Saat und prächtigen Bäumen – die künftige Heimat Israels.

Vers 10–14a. „Da entbrannte Balaks Zorn gegen Bileam." Er soll verschwinden. Verständlich, hat er doch die Erwartungen des Königs nicht erfüllt. Nun geht er leer aus, ohne Gold und Silber. Jahwe zu gehorchen – dem Gott Israels! – war ihm wichtiger als nach eigenem Belieben über Gut und Böse zu entscheiden.

Die Verse 14b–24 sind spätere Einschübe, weitgehend Wiederholungen.

Vers 25. Balak und Bileam gehen nun wieder getrennte Wege. Bileam zieht, sicherlich samt seinen Begleitern und der klugen Eselin, zurück in sein fern östliches Land.

Rätselhaft bleibt die Anschuldigung, Bileam habe später die Kinder Israels verführt, am Baalskult der Midianiter teilzunehmen (Kap. 31,16), was gar nicht zum „Berufsbild" eines Sehers passen will. Er sei bei einem Rachefeldzug umgebracht worden.

Angeregt durch diese Erzählung lohnt es sich, über Segen und Fluch nachzudenken: Wann würden wir sagen, dass über einem Volk Gottes Segen ruht? Kann über einem Volk auch ein Fluch liegen? Ist es denkbar, dass sich im Laufe der Geschichte Segen in Fluch verwandelt oder Fluch in Segen?

In unserer Zeit sind es zum Beispiel die Pfarrer, die von Amts wegen berufen sind, den Segen zu erteilen, zum Beispiel am Ende des Gottesdienstes.

Wie (ge)wichtig ist das für uns? Dürfen wir den gottesdienstlichen Segen immer wie selbstverständlich auf uns beziehen?

Pfarrer werden auch in vielen gesellschaftlichen Bereichen um Segenshandlungen gebeten. Müsste dieser Dienst auch hier und da verwehrt werden?

Hiob und seine Freunde

Beistand im Leid

„Erbarmt euch über mich, erbarmt euch, meine Freunde; denn die Hand Gottes hat mich getroffen!“(Hiob 19,21) – ein Hilferuf Hiobs an seine Freunde Elifas von Teman, Bildad von Schuach und Zofar von Naama! Zu diesem Zeitpunkt war das Gespräch zwischen ihnen und Hiob schon fast festgefahren und dabei hatte doch alles so gut angefangen.

Sie hatten von seinem Unglück gehört und waren zu ihm gegangen, „um ihn zu beklagen und zu trösten“. Davon erzählt der Schluss des Prologs der Rahmenerzählung des Hiobbuchs (2,11).[1] Davor wird Hiob als ein frommer und integrer Mensch vorgestellt, der mit zehn Kindern und mit Hab und Gut überreich gesegnet ist. Dann trifft es ihn: In kurzer Zeit verliert er aber auch alles, was er hat, und steht vor dem Nichts. Zu guter Letzt kommt noch Krankheit hinzu.

Dieser geschlagene Mann hält in allem, was ihn getroffen und unglücklich gemacht hat, an Gott fest. Bekannt geworden ist sein Wort: „Der Herr hat's gegeben, der Herr hat's genommen; der Name des Herrn sei gelobt!“ (1,21). Hiob kommt auch nicht im Entferntesten auf den Gedanken, in irgendeiner Weise von Gott abzurücken oder gegen ihn zu rebellieren. Der Erzähler merkt ausdrücklich an, dass er, Hiob, sich in allem nicht gegen Gott versündigte (1,22 und 2,10).

Bedingt durch seine schwere Krankheit sitzt er nun – so hat man es sich vorzustellen – draußen vor dem Ort auf einem Kehrricht- und Aschenhaufen und schabt mit einer Scherbe seine juckenden Geschwüre. Als die Freunde ihn auf dem Aschenhaufen sehen, erkennen sie ihn nicht wieder. Tränen laufen ihnen über das Gesicht. Sein Anblick verschlägt ihnen die Sprache, wortlos setzen sie sich eine Woche lang zu ihm auf die Erde.

Ob es wohl jemanden gibt, der die Freunde hier nicht loben möchte? In ihrem schweigenden Sitzen bei dem geschlagenen Freund drückt sich ein „Mit-Sein" aus, wie es beredter nicht sein kann. Die drei Freunde machen keine Worte, sie wehren nicht ab, sie lassen geschehen. Wenn das immer so einfach wäre!

Als Erster, so liest man dann, bricht Hiob das Schweigen. Klagend und fragend bricht jetzt alles abrupt aus ihm heraus. Wie die Freunde ihn auf dem Aschenhaufen kaum wiedererkennen, so erkennt ihn der Leser in seiner Klage (Kap. 3) kaum wieder. Er verwünscht jetzt den Tag seiner Geburt und die Nacht seiner Empfängnis (3,3ff.). Es ist, als ob ein ganz anderer Hiob vor die Augen tritt. Sein Leben ist ihm nichts mehr wert. Es ist ihm verleidet. Er ist es buchstäblich leid und muss klagen und fragen: „Warum bin ich nicht gestorben bei meiner Geburt? Warum bin ich nicht umgekommen, als ich aus dem Mutterleib kam?" (3,11). „Warum gibt Gott das Licht dem Mühseligen und das Leben den betrübten Herzen?" (3,20ff.). Ja, warum – so klagt fragend Hiob –, warum überhaupt das Leben, wenn es so mühselig und qualvoll ist.

Nachdem das Schweigen durch seine Klage gebrochen ist, drängt es Elifas von Teman, aus dem Schweigen herauszutreten. Vorsichtig und behutsam spricht er seinen verzweifelten Freund an (4,2) und erinnert an die gemeinsame Überzeugung, dass ein Unschuldiger immer noch Gutes zu erwarten hat und Hoffnung haben kann, wohingegen ein „Frevler" noch immer seinem Unheil entgegengeht (4,6ff.).

Man spricht hier vom sogenannten Tun-Ergehen-Zusammenhang. Das Tun bestimmt gleichsam schon das Ergehen. Dieser Zusammenhang von Tun und Ergehen ist nun aber für Hiob und seine Freunde kein „sich selbst regulierender

Automatismus. Vielmehr setzen sie darauf, dass Gott diesen Zusammenhang ans Licht bringen werde, dass er dafür garantiere, dass – wenn nicht sogleich, so doch aufs Ganze eines Lebens gesehen –, wer Gutes getan hat, die Früchte seiner Taten genießen werde und dass, wer übel gehandelt hat, von den Folgen seiner bösen Taten eingeholt werde."[2]

Man begegnet diesem Tun-Ergehen-Zusammenhang auf Schritt und Tritt sowohl bei den Freunden als auch bei Hiob. Es ist diese Anschauung, mit der die Freunde ihren Freund unter Druck setzen, denn er weiß von keiner Schuld und muss dennoch leiden. Er sieht sich zu Unrecht von Gott gestraft und möchte dafür den Grund wissen. Weil er unschuldig leiden muss, muss er seinen Freunden widersprechen bis dahin, dass er Gott einen Frevler nennt, der keinen Unterschied macht zwischen dem Frommen und dem Gottlosen, der sich nicht an seine Ordnung und Gerechtigkeit hält (9,22ff.).

Hiob kann jene Überzeugung so unbesehen gar nicht mehr mit den Freunden teilen, er sieht sie auf einem falschen Weg und die Freunde ihrerseits sehen ihn auf einem falschen Weg bis dahin, dass sie ihn der Sünde beschuldigen: „Ist deine Bosheit nicht zu groß und sind deine Missetaten nicht ohne Ende? Du hast deinem Bruder ein Pfand abgenommen ohne Grund, du hast den Nackten die Kleider entrissen …" (22,5ff.).

Der Leser wird vielleicht über die Freunde Hiobs den Kopf schütteln und denken: Wie kann man nur! Nicht selten sind sie denn auch mit negativen Werturteilen bedacht worden. Aber abgesehen davon, dass man sich ohnehin leicht auf die Seite des leidenden Hiob stellt, ist zu bedenken, dass mit den Freunden ein theologisches Denksystem zur Ansicht kommen soll, das angesichts unschuldigen Leidens nicht mehr funktionsfähig ist.

Nicht umsonst heißt es im Epilog: „Als nun der Herr diese Worte mit Hiob geredet hatte, sprach er zu Elifas von Teman: Mein Zorn ist entbrannt über dich und über deine beiden Freunde; denn ihr habt nicht recht von mir geredet wie mein Knecht Hiob." (42,7). Das Denken der Freunde sperrt Gott in ein System ein, er verliert seine Freiheit. Es kann dann nicht sein, was nicht sein darf, Leiden kann nicht unschuldig sein, dahinter muss immer Schuld stehen.

Gleichwohl kann gefragt werden, wie die Freunde ihrem Freund wirklich Freund hätten sein können oder was den Beistand im Leid wirklich ausmacht.

Ich denke hier an eine Szene aus einem ganz anderen Literaturwerk, nämlich aus Thomas Manns Roman „Joseph und seine Brüder". Da wird erzählt, wie der Erzvater Jakob tiefes Leid um seinen tot geglaubten Lieblingssohn Joseph trägt und wie sein Großknecht Eliezer ihn in seiner Trauer umsorgt (Der junge Joseph, Siebentes Hauptstück: Der Zerrissene). Man sieht sich bei der Lektüre unwillkürlich an Hiob und seine Freunde erinnert. Als Eliezer dem Leid tragenden Jakob bei dessen Klage entgegnet: „Wolltest du doch nicht sündigen, Jaakob ben Jizchak", hört er: „Drisch nicht Worte, alter Knecht, denn sie sind leeres Stroh! Nimm dich meiner an und nicht Gottes, denn er ist übergroß und lacht deiner Fürsorge, ich aber bin nur ein Haufen Jammers. Sprich nicht von außen auf mich ein, sondern rede mir aus der Seele, nichts anderes kann ich ertragen."

Und wenig später zu Eliezer: „Sprich nicht von außen, Eliezer, sondern von innen! Was denkt sich Gott, dass er mir auflegt, wovon sich mir die Augen verdrehen und ich von Sinnen komme, weil's nichts für mich ist."[3]

Nicht „von außen", „sondern von innen" sprechen, das heißt ja zunächst einmal, sich in die Lage des anderen zu versetzen. Inwieweit man das dann tatsächlich auch kann, ist eine ganz andere Frage. Es heißt aber auch, für die eigene Sicht den richtigen Zeitpunkt zu erspüren. Wird sie vorschnell eingebracht, wird der andere umso mehr seine drängenden Belange vertreten, dann gibt ein Wort das andere und man verständigt und versteht sich im Grunde gar nicht. Manch einer mag das schon erfahren haben.

Die Freunde Hiobs kommen nicht „aus ihrer Haut" heraus. Von ihnen allein gelassen, hat sich Hiob schließlich an Gott gewandt. Ihn hat er wie zu einem Prozess herausgefordert, von ihm wollte er seine Unschuld bestätigt haben und sich rehabilitiert sehen:

O hätte ich einen, der mich anhört – hier meine Unterschrift! Der Allmächtige antworte mir! –, oder die Schrift, die mein Verkläger geschrieben! Wahrlich, dann wollte ich sie auf meine Schulter nehmen und wie eine Krone tragen. Ich wollte alle meine Schritte ihm ansagen und wie ein Fürst ihm nahen. (31,35ff.)

An seinen Reaktionen (40,3–5; 42,1–6) auf das, was ihm Gott in den Kapiteln 38,1–42,6, in den sogenannten Gottesreden, dann schließlich zu sagen hat, nehme ich wahr, wie er erkennt, unbotmäßig gegenüber Gott geredet zu haben. Er hatte Gott beschuldigt, ein Frevler zu sein, der sich nicht mehr an Recht und Ordnung hält. Nun sieht er sich von ihm nach dem Verständnis seiner selbst gefragt in Bezug auf seinen (Gottes) „Ratschluss“ (38,2f.) – d.h. auf sein „Wollen und Tun“ „in Schöpfung und Lenkung der Welt“.[4]

Mit einem ganzen Bündel von Fragen sieht Hiob sich von Gott angesprochen, mit einem ganzen Bündel von Fragen wird er von ihm zurechtgewiesen, auf sein eng, allzu eng begrenztes Wissen und Können hingewiesen. Die Größe Gottes, sein kontinuierliches Schaffen, Lenken und Erhalten kommen Hiob vor Augen und damit zugleich seine eigene Ohnmacht. Mit anderen Worten: Er erkennt seine Grenzen Gott gegenüber. Er erkennt, dass Gott in seinem Wollen und Handeln von menschlichen Gedanken nie restlos, nie von ihnen „schlüssig und bündig“ erreicht und erfasst werden kann.

Er nimmt sich zurück und bekennt: „Ich hatte von dir nur vom Hörensagen vernommen; aber nun hat mein Auge dich gesehen.“ (42,5). Damit, denke ich, bleibt auch jene Anschauung, dass dem Wohlverhalten immer auch ein Wohlergehen entsprechen müsse, auf der Strecke. Gott ist mehr, als unsere Gedanken je von ihm aussagen können. Hiob hat im Reden Gottes nicht den Grund für sein schweres Schicksal erfahren, wohl aber hat er zu einer Haltung gefunden, die sich Gott gegenüber – seinem Wollen und Handeln gegenüber – nicht überhebt, sondern sich hier der Grenzen wohl bewusst ist.

Blickt man von hier aus zurück, fallen ganz unterschiedliche Verhaltensweisen sowohl bei den drei Freunden als auch bei Hiob in die Augen. Die Freunde sitzen zunächst in schweigender Solidarität bei ihrem Freund, erweisen sich aber dann mehr und mehr als Gefangene ihrer religiösen Überzeugung. Hiob, der anfänglich (Prolog) Gott unangefochten die Treue hält, muss bald klagen und fragen und klagt Gott an. Schließlich nimmt er sich zurück, wird sich Gott gegenüber seiner Grenzen und Ohnmacht bewusst.

Ob wohl einer, der um seine Grenzen und um seine Ohnmacht Gott gegenüber weiß, einem anderen, der wie einst Hiob klagen und fragen muss, mehr und besser wird beistehen können? Wer mit offenen Fragen an Gott leben kann, wird einem klagenden und fragenden Hiob nicht ausweichen und wird mehr „von innen“ reden können. Er wird Gott in seinem Wirken nicht in Schutz nehmen und verteidigen müssen, wie man das aus dem Mund Hiobs von den Freunden liest (vgl. 13,7ff.) – aber andererseits wird er demütig bleiben angesichts des Leidens des Anderen und angesichts der unerforschlichen Größe der Schöpfung.

Anmerkungen

1 Das Hiobbuch hat einen komplexen Entstehungs- und Wachstumsprozess durchlaufen. Dazu gehört, dass eine Erzählung von Hiob, die sich im heutigen Prolog (1,1–2,13) und Epilog (42,7–17) zeigt, mit der Hiobdichtung (Kap. 3–42,6 in Versform) verbunden worden ist. Die Elihu-Reden (32–37) und das Weisheitsgedicht (Kap. 28) sind später hinzugekommen.

2 Jürgen Ebach, Gott und die Normativität des Faktischen. Plädoyer für die Freunde Hiobs, in: ders., Hiobs Post: Gesammelte Aufsätze zum Hiobbuch, Neukirchen-Vluyn 1995, S. 59.

3 Thomas Mann, Joseph und seine Brüder; Frankfurt am Main 1964 – Der junge Joseph, siebentes Hauptstück: Der Zerrissene, S. 474.

4 Vgl. Georg Fohrer, Das Buch Hiob; Gütersloh 1988, 2. Aufl. Kommentar zum Alten Testament Bd. 16, S. 499f.

Rut

Grenzenlose Hingabe

Das Buch Rut beschreibt in knapper Form ein Familiendrama. Der unbekannte Verfasser hatte als Vorlage vermutlich eine alte mündliche Überlieferung.

Kapitel 1

Die Handlung spielt „zu der Zeit, als die Richter richteten" (V. 1), bevor mit Saul und David um 1000 vor Chr. das Königtum installiert wurde. Aber politische Ereignisse spielen in unserer Erzählung keine Rolle. Auslöser der Vorgeschichte ist eine anhaltende Dürre und ihr zufolge eine Hungersnot. Betroffen ist Judäa, also auch Bethlehem („Haus des Brotes"!). Eine Familie trifft es dort besonders hart, den Bauern Elimelech und seine Ehefrau Noomi mit ihren beiden Söhnen. So wandern sie notgedrungen aus in das Gebiet der Moabiter (dem heutigen Jordanien).

Dort dürfen sie sich niederlassen, als Fremde geduldet. Doch plötzlich stirbt Elimelech. Ein harter Schlag. Gut, dass Noomi ihre Söhne hat. Beide heiraten Moabiterinnen. Eine von beiden ist Rut. Für strenge jüdische Gesetzeslehrer sind Mischehen ein Frevel. Für Noomi (bzw. für den Schreiber dieser Erzählung) stellt eine jüdisch-moabitische Verbindung kein Problem dar. Doch dann sterben auch die beiden Söhne, die übrigens „Machlon" („Krankheit") und „Kijon“ („Schwindsucht“) heißen, wohl literarische Namen.

Das alles wird in nur sieben Sätzen erzählt. Die Emotionen sind zwischen den Zeilen spürbar: Bangen und Hoffen, Bitterkeit und Verzweiflung, vielleicht auch – wie im Buch Hiob – das Fragen nach Gottes Güte und Gerechtigkeit. „Des HERRN Hand ist gegen mich gewesen“, klagt Noomi beim Abschied (V. 13). Dennoch hält sie wie Hiob an ihrem Glauben fest, was seinen Eindruck auf die Schwiegertöchter, besonders auf Rut sicher nicht verfehlt hat.

Noomi hält nichts mehr im Land der Moabiter. Als Witwe und als Fremde zieht es sie heimwärts, zumal „sich der HERR seines Volkes angenommen und ihnen Brot gegeben hat.“ (V. 6) – Und die Schwiegertöchter ziehen mit ihr, alles andere als selbstverständlich. Etwa auf halbem Wege drängt Noomi die jungen Frauen, zu ihren eigenen Müttern umzukehren und spricht über ihnen einen Segen: „Der HERR tue an euch Barmherzigkeit, wie ihr an den Toten und an mir getan habt!“ (V. 8).

Sie selbst hat die Barmherzigkeit Gottes oft vermisst, aber den Schwiegertöchtern möge sie zuteil werden, ganz konkret: „Der HERR gebe euch, dass ihr Ruhe findet, eine jede in ihres Mannes Haus.“ (V. 8f.) Noomi wünscht ihnen ihr vertrautes Umfeld, ein Ende ihrer Trauer und soziale Geborgenheit.

Aber die Schwiegertöchter weinen, wollen mit ihr ziehen. Noomi weiß, welch elendes Leben den jungen Witwen in Judäa bevorstünde. Sie will ihnen, von der eigenen Bitterkeit gezeichnet, ein bitteres Los ersparen. Anders wäre es, hätte sie noch weitere Söhne. Sie müssten nach dem Gesetz der sogenannten Leviratsehe die Witwen ihrer verstorbenen Brüder heiraten und, wenn möglich, für männlichen Nachwuchs sorgen.

„Soll ich noch diese Nacht einen Mann nehmen und Söhne gebären?“ – Welch ein Sarkasmus! Sie macht den Schwiegertöchtern ihre prekäre Lage deutlich. Beide wehklagen. Doch nur eine kehrt schweren Herzens um. „Orpa“ ist ihr Name („Die sich abwendet“).

Rut aber will Noomi nicht verlassen, obwohl sie damit ihre eigene Familie, ihr Volk, ihre lokale Gottheit verlässt. Noomi macht sie auf diese Konsequenz aufmerksam. Die verwandtschaftlichen, gesellschaftlichen, religiösen Bindungen ohne Not zu kappen, wird nicht einfach sein. Aber Rut ist dazu bereit, aus Liebe zu ihrer Schwiegermutter und in Sympathie mit deren Volk und Gott. Und sie spricht Worte der Liebe und Treue, die in der Literatur unübertroffen sind:

Wo du hingehst, da will ich auch hingehen. Wo du bleibst, da bleibe ich auch. Dein Volk ist mein Volk, und dein Gott ist mein Gott. Wo du stirbst, da sterbe ich auch, da will ich auch begraben werden. Der HERR tue mir dies und das, nur der Tod wird dich und mich scheiden.

Nun kommen sie in Bethlehem an. Noomi nimmt die vertrauten Häuser und Gesichter wahr, aber kann sich nicht freuen. Ihr wird bewusst, wie sie vor vielen Jahren die Stadt verlassen hat: den Mann an ihrer Seite, dazu die beiden Söhne. Und der ganze Jammer ihres Schicksals kommt über sie: „Voll zog ich aus, aber leer hat mich der HERR wieder heimgebracht."(V. 21). Sie möchte nicht mehr „Noomi" (die „Liebliche"), sondern „Mara" (die „Bittere") genannt werden, „denn der Allmächtige hat mir viel Bitteres angetan." (V. 20). Wieder werden wir an Hiob erinnert.

Kapitel 2

Auf den Feldern rund um Bethlehem ist die Getreideernte in vollem Gange, auch auf den Feldern des Bauern Boas. Er ist verwandt mit Elimelech, dem verstorbenen Mann der Noomi, und überdies in gutem Ansehen. Und Rut geht, um auf einem der Äcker Ähren zu sammeln, hinter den Schnittern her. Sie grüßen einander: „Der HERR sei mit euch!" – „Der HERR segne dich!" (V. 4).

Es ist das Feld des Boas. Welch eine glückliche Fügung! Als Boas die fremde junge Frau erblickt, erkundigt er sich: „Zu wem gehört das Mädchen?" (V. 5) – Das ist bis heute vielfach orientalisches Denken. Jede Frau, jedes Mädchen gehört (zu) jemandem: einem Vater, Ehemann, Bruder, Herrn. – Boas erfährt nun von ihrer Herkunft, ihrer Treue und ihrem Fleiß. Sie darf weiter auf seinem Feld Ähren lesen, mit den Mägden und Knechten ihren Durst löschen. Keiner darf sie belästigen.

Beschämt fragt Rut: „Womit habe ich Gnade gefunden vor deinen Augen, dass du mir freundlich bist, die ich doch eine Fremde bin?" Die Erwiderung des Boas ist eine Lobeshymne auf Rut, die in einem Segen gipfelt: „Der HERR vergelte dir deine Tat und dein Lohn möge vollkommen sein bei dem HERRN, dem Gott Israels, zu dem du gekommen bist, dass du unter seinen Flügeln Zuflucht hättest." (V. 11f.).

Keiner der Adressaten dieser Geschichte darf noch daran zweifeln, dass die Moabiterin Rut nun ganz in das Gottesvolk Israel integriert ist. Und es werden ihr weitere Vergünstigungen zuteil. Sie darf an den Mahlzeiten der Schnitter teilnehmen und wird beim Ährenlesen üppig bedacht, sodass sie mit einem „Scheffel Gerste" (zwölf Liter) heimkehrt.

Noomi erfährt nun, wie es Rut ergangen ist auf dem Feld des Boas und dass sie ihm selbst begegnet ist und seine Güte erlebt hat. Und sie ruft aus: „Gesegnet sei er vom HERRN, der seine Barmherzigkeit nicht abgewendet hat von den Lebendigen und von den Toten." (V. 20).

Für Noomi wird endlich Gottes Barmherzigkeit von neuem sichtbar und spürbar, eine Barmherzigkeit, die auch ihre lieben Toten einbezieht. Welch eine Hoffnung schenkt ihnen Gott mit diesem Boas! „Er gehört zu unseren Lösern." (V. 20). Das heißt: Es ist die Pflicht eines nahen Verwandten, zu verhindern, dass der Grundbesitz – in diesem Falle der des Elimelech – in fremde Hände gelangt. Er hat das Vorkaufsrecht und ist verpflichtet, es wahrzunehmen.

Kapitel 3

Boas könnte sogar ein Löser noch in anderer Hinsicht werden, könnte dafür sorgen, dass die Ahnenreihe mit Elimelech und seinen Söhnen nicht zu Ende ist, könnte der kinderlosen Rut zu einem Kind, zu einen Sohn verhelfen. – Das geht Noomi wohl durch den Kopf. Doch ob er dazu ohne weiteres bereit ist? Sie ersinnt eine List, so muss man es wohl nennen. Boas wird wieder auf der Tenne die Gerste worfeln, danach dort essen und trinken und sich zum Schlafen niederlegen. Rut solle sich baden, salben und schmücken und sich heimlich dem Schlafenden zu Füßen legen. Rut gehorcht.

Um Mitternacht spürt Boas die Nähe der jungen Frau. Sie gibt sich zu erkennen: „Ich bin Rut, deine Magd. Breite den Zipfel deines Gewandes über deine Magd, denn du bist der Löser." (V. 9). Ihre Stimme zittert, das Herz schlägt schneller. Eine erotische Spannung liegt über der Szene. Boas ist gerührt, dass Rut nicht jungen Männern nachläuft. Doch es kommt noch zu keiner innigen Begegnung oder gar einem Eheversprechen. „Es ist noch ein Löser da, näher verwandt als ich." (V. 12). Unerkannt und mit Korn beschenkt zieht Rut am Morgen heimwärts.

Kapitel 4

Wer soll der Löser sein? Die Sache muss geklärt werden. Der Leser erlebt nun einen Rechtsstreit, wie er im alten Israel vonstatten ging. Die beiden potenziellen Löser treffen sich im Tor, am Rande der Stadt. Als Zeugen sind zehn Älteste anwesend. Es geht um den Grundbesitz des Elimelech.

Da ist zunächst der Nächstverwandte, der, auf den Boas verwiesen hat. Der würde gern von seinem Vorkaufsrecht Gebrauch machen. Doch müsste er dann auch dafür sorgen, dass die Familie des Elimelech nicht ausstirbt, also Rut heiraten. Damit, so meint er, würde er sein eigenes Erbteil schädigen. In symbolischer Geste zieht er einen Schuh aus und überreicht ihn dem Boas, was in etwa heißt: Du kannst an meiner Stelle das Land betreten, d.h. in Besitz nehmen.

Nun folgt, von Boas vorgetragen, gleichsam das Protokoll dieses friedlichen Rechtsstreits: Er kauft von Noomi den ehemaligen Landbesitz des Elimelech und seiner Söhne und heiratet die junge Witwe Rut. – Die Ältesten und alle sonst Anwesenden rufen aus: „Wir sind Zeugen!“ (V. 11). Damit ist die Sache besiegelt. Die Versammlung endet mit einem Lobpreis oder Segen: „Der HERR mache die Frau, die in dein Haus kommt, wie Rahel und Lea, die beide das Haus Israel gebaut haben.“ – Es geht hier um eine nicht selbstverständliche Aufwertung der Moabiterin Rut, ja sogar um eine Gleichstellung mit Lea und Rahel, den jüdischen Müttern der Stämme Israels.

Die Geschichte nimmt ein glückliches Ende. Boas und Rut heiraten. Ihnen wird ein Sohn geschenkt, Obed. Der Erzähler weiß: Dieser Obed wird einen bedeutsamen Enkel haben, David, als Hirtenknabe zum König über Israel gesalbt. Und die Geschichte nimmt auch ein glückliches Ende für Noomi. Sie hält das Kind im Arm. Die Trauer früherer Jahre ist verflogen. Die Nachbarinnen bringen es dankbar zum Ausdruck: Diese Schwiegertochter „ist dir mehr wert als sieben Söhne“. Wieder werden wir an Hiob erinnert.

Das Anliegen des Erzählers

Er hat wohl das Hiob-Buch gekannt und schildert seinen Lesern einen ähnlichen Lebensweg. Hunger, Trauer, Verzweiflung und Anfechtungen gehören zu Noomis wie zu Hiobs Geschichte („Des HERRN Hand ist gegen mich gewesen“). Aber wie Hiob kommt auch Noomi schließlich zur Ruhe; sie erfährt – nach ihrer Heimkehr – Gottes Segen: in der Treue ihrer Schwiegertochter, in der Fürsorge des Boas, in der Geburt des Enkelsohns.

Vor allem aber will der Erzähler den Blick auf Rut lenken: Seht, welch ein Vorbild sie ist! Welche Hingabe, welch ein Fleiß, welch eine bedingungslose Liebe! Damit ist denen widersprochen, die Rut als Makel empfinden im Stammbaum Davids. Die Urgroßmutter des hoch geachteten Königs ist von Hause eine Moabiterin, nicht herzuleiten von den Stammvätern und Stammmüttern Israels! Aber sie hat Israel zu ihrem Volk und Jahwe zu ihrem Gott erklärt und sich dessen als würdig erwiesen.

Johannes der Täufer

Der Beginn einer neuen Zeit

In einer Kirchengemeinde, die nach dem Täufer benannt ist, wird ein Verkündigungsspiel aufgeführt: „Johannes der Täufer – Der Beginn einer neuen Zeit“. Gespielt wird es von Laien. Im Blick auf die jüngsten Zuschauer geschieht es in einfachen Reimen. Ein Begleitheft wird angeboten. Es informiert über Hintergründe und Zusammenhänge (kursiv gedruckt).

Die erste Szene

Im Tempel: Ankündigung der Geburt

Zacharias ist ein Priester.
Täglich in der Bibel liest er.
Im Tempel dient er Gott dem Herrn.
Oft bat er ihn: „Ich hätt so gern
ein eignes Kind. – Doch meine Frau,
sie ist zu alt und ich bin grau.“

Plötzlich steht, man glaubt es kaum,
ein Engel vorn im Altarraum.
Es ist ein Anblick zum Erschrecken.
Wie nur soll man sich verstecken?

Doch hört nur, was der Engel spricht:
„Zacharias, fürcht dich nicht!“
Sage deiner Frau Elisabeth:
Für Gott, da ist es nie zu spät.
Einen Sohn wird sie gebären.
Der wird einst die Menschen lehren.
Und dieses präge dir gut ein:
Johannes soll sein Name sein.

Der Priester meint: „Das klingt zu dumm.“
Der Engel zürnt: „Nun bleibst du stumm,
bis dann das Kind geboren ist,
weil du solch ein Zweifler bist.“

Man mag an die hoch betagte Sara denken, die bei ähnlicher Verheißung bitter lacht (1 Mose 18,11f.) und übers Jahr Isaak zur Welt bringt. Und das „Fürchte dich nicht!“ des Engels erinnert an die Ankündigung der Geburt des Heilands (Lukas 1,30).

Der Engel und Zacharias verlassen die Bühne.

Ein Lektor liest die Schilderung vom Besuch der Maria bei Elisabeth, die beide guter Hoffnung sind: Lukas 1,39–42

Die Geburt von Johannes dem Täufer und die des Jesuskindes sind aufeinander abgestimmt. Beide sind für den Heilsplan Gottes wichtig. Johannes wird zuerst zur Welt kommen, wird der Vorläufer sein. Das spürt Elisabeth. Als sie vor Maria steht, „hüpft das Kind in ihrem Leibe“. – „Vor Freude“, sagt sie. Und, erfüllt vom Heiligen Geist, nennt sie Maria „die Mutter meines Herrn“. Lukas will deutlich machen, welche Rolle Johannes in Gottes Heilsplan spielen wird. Er wird der Wegbereiter des Heilands sein.

Die zweite Szene

In häuslicher Umgebung: Geburt und Lobpreis

Als dann ein Sohn das Licht erblickt,
sind die Eltern ganz entzückt.
Der Vater schreibt – er kann nichts sagen,

mit Taubheit war er ja geschlagen:
„Johannes, so heißt unser Junge."
Da plötzlich löst sich seine Zunge.
Er hebt die Hände voller Dank,
stimmt an den schönsten Lobgesang.

Elisabeth trägt das Kind herein, wiegt es in den Armen. Und Zacharias beginnt zu tanzen. Er ist außer sich vor Freude. Und wem das Herz voll ist, des geht der Mund über. Er jubelt es in den Zuschauerraum hinein: „Gott ist gnädig! – nicht nur uns alten Eltern – nein, dem ganzen Volk!" Messianische Verheißungen, ihm gut vertraut, sprudeln aus seinem Herzen: „Gott selbst besucht uns – vergibt die Sünden – bringt Licht für alle, die im Schatten des Todes sitzen! Und du, unser Kind, wirst sein Wegbereiter, wirst dem Volk die Augen öffnen für das Heil!" – Die Nachbarn stehen kopfschüttelnd da, wundern sich über den ungewöhnlichen Namen: „Jochanan!? – Gott ist gnädig!?"

Es lohnt sich, den „Lobgesang des Zacharias" in voller Länge nachzulesen: Lukas 1,68–79

Eltern und Kind verlassen die Bühne, tanzend der Vater. Ein Lektor liest die Überleitung zur nächsten Szene: „Und das Kindlein wuchs und wurde stark im Geist. Und er lebte in der Wüste bis zu dem Tag, an dem er vor das Volk treten sollte." (Lukas 1,80)

Die dritte Szene

Am Jordan, nahe dem Toten Meer: Bußpredigt und Taufe

Johannes tritt auf, in ein Fell aus Kamelhaar gehüllt. Man sieht ihm das asketische Leben an, den Verzicht auf Fleisch und Wein. Heuschrecken und wilder Honig sind seine Nahrung. Die Wüste ist sein Zuhause.

In absoluter Stille und einfacher Lebensart lässt sich Gottes Nähe zu allen Zeiten am besten erfahren. Johannes wird sogar eine Vision zuteil, die vom nahenden Himmelreich, vom kommenden HERRN. *Genauso deutlich sieht er vor sich all die Missstände, die dem im Wege stehen. Und so wird er zum Propheten und Bußprediger.*

Und nun kommen sie, Menschen unterschiedlichster Art, schuldbewusst und erwartungsvoll. Aber auch misstrauisch und selbstgerecht, wie die Pharisäer und Sadduzäer, die harte Worte zu hören bekommen.

Wehe euch, ihr Schlangenbrut!
Was ihr tut, ist gar nicht gut.
Wenn Bäume keine Früchte tragen,
wird die Axt sie niederschlagen.
Macht dem HERRN den Weg bereit,
Dann ist der Himmel nicht mehr weit.

Und allen, die ihr verkehrtes Leben ablegen wollen, wie man alte Kleider ablegt vor dem Bade, und die vor einem möglichen Strafgericht bestehen wollen, gibt er konkrete Weisungen:

Brich mit Hungernden dein Brot
und lindere der Leute Not!
Kleider hast du – zwei, drei, vier?
Gib davon ab, das rat ich dir!
Und ich rate euch Soldaten:
Lasst ab von euren üblen Taten!
Und du, mein Freund, sei auf der Hut,
das Glück liegt nicht in Geld und Gut.
Das Glück kann keiner sich erkaufen.
Kommt her zu mir und lasst euch taufen!

Nun steigt einer nach dem anderen in den Fluss, um sich von Johannes taufen zu lassen, um das Bad der Wiedergeburt zu erleben. – Plötzlich reiht sich, wie selbstverständlich, ein ganz anderer in die Schlange der Taufbewerber ein: Jesus selbst. Johannes ist sichtlich irritiert: Bin ich überhaupt seiner würdig!?

Erinnert sei an ein Wort des Paulus: „Er hat den, der ohne Sünde war, für uns zur Sünde gemacht." (2 Kor 5,21).

Die vierte Szene
An gleicher Stelle: Die Taufe Jesu

Doch Jesus sagt: „Lass es geschehen!"
Da darf er nicht mehr widerstehen,
und er tauft den Herrn sogleich.
Da tut sich auf das Himmelreich.
und Gottes Geist, wie im Gefieder
einer Taube, steigt hernieder,
und man hört vom Himmelsthron:
„Dieser ist mein lieber Sohn.
An ihm hab ich mein Wohlgefallen."

Diese Szene eignet sich nicht zum Nachspielen. Stattdessen wird den Zuschauern das Gemälde eines alten Meisters präsentiert: „Die Taufe Jesu".

Der Künstler des Bildes bringt wie die Evangelisten eine Wahrheit des Glaubens zum Ausdruck: Gott hat diesen Jesus zu seinem Sohn erklärt.

Die fünfte Szene
Im Königspalast: Vor Herodes

Umso besser sind die folgenden Ereignisse spielbar. Herodes Antipas sitzt auf seinem Thron, gibt Anweisungen, die in ängstlicher Demut entgegengenommen werden. Keiner wagt zu widersprechen. Da kommt Johannes herein, zornentbrannt: Der König habe nicht das Recht, seinem Bruder die Frau zu nehmen, Herodias mit Namen.

Schon der Prophet Elia hat ähnlichen Todesmut bewiesen, als er den König Ahab auf dessen Verfehlung hinwies (1 Kön 21) – und so sahen viele in Johannes den wieder erstandenen Elia, entsprechend einer alten Verheißung (Maleachi 3,23).

Herodes ist erregt. Natürlich kennt er die Gebote. Und er fürchtet sich – jedoch: wovor? Fürchtet er Gott? Oder viel mehr das Volk, das den Täufer liebt und verehrt? Man spürt sein Unbehagen, seine Unsicherheit, als er anordnet: Ins Gefängnis mit ihm!

Die sechste Szene
Im Gefängnis

Johannes im Selbstgespräch: „Wann werden meine Jünger zurück sein? Ich hatte sie doch zu Jesus geschickt, ihn zu fragen: Bist du es, der kommen soll oder sollen wir auf einen anderen warten?" Johannes sieht unsicher aus, nervös, von Zweifeln gequält.

Die Bibel kennt keine „Glaubenshelden". Selbst Männer wie Petrus (der „Fels"!) durchlebten das Wechselspiel von Zuversicht und Zweifel.

Dann sind sie endlich da, die Jünger des Johannes, und berichten, was sie gehört und gesehen haben: Jesus ist der Christus. Er heilt Kranke, weckt Tote auf, wendet sich den Armen zu. Jesus lässt ausrichten: „Selig ist, wer nicht an mir irre wird."

Die siebente Szene
Wieder im Königspalast: Die Enthauptung

Der König hat Geburtstag. Ein Festmahl wird gefeiert, ganz ausgiebig. So lässt sich für Stunden das Unrecht vergessen, der Ehebruch und die Gefangennahme. Auf der Höhe des Festes tanzt vor ihm und den Gästen die Tochter der Herodias. Der König ist entzückt. Jeden Wunsch will er ihr erfüllen, bei seinem Eid. Angestiftet von ihrer Mutter wünscht sie sich auf einer Schale den Kopf des Täufers. Wider besseres Wissen und daher schweren Herzens – denn eigentlich ist Johannes auch für ihn ein „frommer und heiliger Mann" – gibt der König den Befehl zur Hinrichtung.

Der Henker muss des Amtes walten,
Johannes seinen Kopf hinhalten.
Das Haupt wird nun hereingebracht.
So endet jene böse Nacht.

Bestattet ward des Täufers Leiche.
Er selber ist im Himmelreiche
und wird als Heiliger gepriesen,
weil er auf Jesus hingewiesen
und viele Sünder einst bekehrte;
sie ganz neu zu leben lehrte.

Doch seine Worte, liebe Leute,
galten einst und gelten heute.

Der Vorhang fällt. Die Spieler erhalten Beifall.

Johannes der Täufer bleibt aktuell. Mit seiner Botschaft ohnehin. Auch in Kunst und Brauchtum begegnet er uns. In Gemälde-

galerien alter Meister sehen wir seine Enthauptung. Das Isenheimer Altarbild zeigt den Täufer, der mit überlangem Zeigefinger auf den Gekreuzigten hinweist, zu seinen Füßen ein Lamm, dessen Blut in einen Kelch fließt. „Siehe, das ist Gottes Lamm, das die Sünde der Welt trägt" (Joh 1,29).

Man denke an die Reliquienverehrung: Der Schädel des Täufers wird als Reliquie aufbewahrt, wundersamerweise an ganz verschiedenen Orten, auch Stücke des Kamelfells. Die dazu gehörige Schale wird als frommes Souvenir tausendfach kopiert und verkauft. Ihr Besitz soll vor Kopfschmerzen und Halsweh schützen …

Schließlich das Brauchtum des Johannestags, begangen am 24. Juni, dem Tag der Sommersonnenwende, ein halbes Jahr vor dem Geburtsfest des Heilands. Der Ausspruch: „Er (Christus) muss wachsen, ich (Johannes) aber muss abnehmen" (Joh 3,30) wird in Verbindung gebracht mit dem Wachsen und Abnehmen der hellen Tageszeit. – Und nicht nur Knaben, auch Früchte und Kräuter, im Juni heran gereift, tragen den Namen des Johannes.

Maria

Gelebte Ökumene

Liebe Maria!

Wir Evangelischen verehren dich. Wenn wir mit orthodoxen und katholischen Christen zusammen sind, können wir die hohe Wertschätzung, die du bei ihnen genießt, durchaus verstehen. Aber eine Mittlerin zwischen Gott und den Menschen bist du für uns nicht.

In unseren evangelischen Kirchen haben wir deine figürlichen und bildlichen Darstellungen erhalten. Sie sind auch uns ein Glaubenszeugnis. In einer Gemeinde, in der ich viele Jahre tätig war, gibt es zwei wertvolle Abendmahlskelche, auf denen „Ave Maria" steht. Sie sind also vorreformatorisch und die dortige evangelische Gemeinde hat seit weit über 500 Jahren das Heilige Abendmahl in beiderlei Gestalt mit ihnen gefeiert. Du siehst, wir verehren dich. So wie wir die Heiligen, nach denen unsere Kirchen benannt sind, verehren.

Ich hatte auch viele Jahre auf meinem Schreibtisch eine Marienfigur, Maria auf der Mondsichel, stehen. Ich habe sie restaurieren lassen, denn ein nicht gerade kunstsinniger Mensch hatte sie mit derselben Farbe angestrichen, mit der er die Türpfosten gestrichen hatte, nämlich grün. So standest du als Figur bei fast jeder Predigtvorbereitung vor mir und wir haben uns oft unterhalten. Manchmal saß ich auch vor dir mit einem Becher Wein. Du warst jung und fröhlich, zufrieden und etwas bäurisch, eben aus unserer

Gegend. Du wärest sicher auch eine gute Pfarrfrau geworden.

Wenn Gläubige anderer christlicher Konfessionen so etwas wie Marienerscheinungen haben, wollen wir das nicht mit einer Handbewegung abtun, denn es gibt ja im Umfeld dieser Erscheinungen auch echte Heilungen. Aber selbst die römischen Bischöfe sind skeptisch gegenüber diesen Dingen und sie sind aufgeklärt genug, um die richtigen Fragen zu stellen.

Schwieriger wurde es für uns als evangelische Christen, als der Papst deine Himmelfahrt beschloss, die nun wirklich nicht in der Bibel steht, und als, das ist nur ein Beispiel, ein anderer Papst, Johannes Paul II., dich als eine „eucharistische Jungfrau" bezeichnete. Der ihm nachfolgende Papst hatte ja schon immer von der „beratungsbedürftigen Theologie" seines Vorgängers gesprochen. Auch wir haben da unsere Anfragen.

Du, liebe Maria, warst und bist für uns eine Mutter wie viele Mütter. Aber du hattest die Gnade, das *Wort* zu empfangen und zu gebären. Das Wort, Gott selbst, wurde durch dich Fleisch. Es nahm Menschengestalt an. Gott wurde für uns sichtbar, erkennbar, erfahrbar. Gott schenkte uns in seiner unendlichen Liebe und Güte Jesus Christus, seinen Sohn. Das fleischgewordene Wort, die sichtbare Liebe Gottes, hat eine Mutter. Das bist du!

Meine Seele erhebt den Herrn,
und mein Geist freut sich Gottes,
meines Heilandes;
denn er hat die Niedrigkeit
seiner Magd angesehen.
Siehe, von nun an werden mich selig
preisen alle Kindeskinder.
Denn er hat große Dinge an mir getan,
der da mächtig ist und dessen Name
heilig ist. Und seine Barmherzigkeit
währt von Geschlecht zu Geschlecht
bei denen, die ihn fürchten.
Er übt Gewalt mit seinem Arm

und zerstreut, die hoffärtig sind
in ihres Herzens Sinn.
Er stößt die Gewaltigen vom Thron
und erhebt die Niedrigen.
Die Hungrigen füllt er mit Gütern
und lässt die Reichen leer ausgehen.
Er gedenkt der Barmherzigkeit und
hilft seinem Diener Israel auf,
wie er geredet hat zu unsern Vätern,
Abraham und seinen Kindern in Ewigkeit.

Lukas 1,46–55

So sollst du gesungen haben, Gott zu Ehren, als du dich deiner Aufgabe stelltest. Du, liebe Maria, bist uns als Person wichtig. Aber wichtiger ist für uns, wie Gott an dir und durch dich wirkte.

Einem Mann aus Davids Geschlecht warst du versprochen – Josef von Nazareth – und du bist seine Frau geworden. Seine Herkunft verbindet dich mit der Botschaft des Alten Testamentes. Dein Mann ist aus königlichem Geblüt. Ihr stammt aus einem abgehauenen Stamm.

Wir stellen uns die stille Landschaft um Nazareth vor. Die umtriebige Stadt Jerusalem ist weit. Hier, in der Einsamkeit, wächst du auf. Nur in dieser Stille kann etwas Neues wachsen. Dein Sohn ging später in die Wüste. Ich kenne manchen, der als Atheist in die Wüste ging und als Gläubiger herauskam. Bei ihm war es anders, er ging als Glaubender hinein und kam als einer heraus, der sich seines Auftrages bewusst geworden war.

Du glaubtest auch, das ist wahr. Dich bedrückten auch die Weltereignisse, so weit du sie mitbekamst. Die machtgierigen Römer, deren Soldaten du schon oft gesehen hattest, die unterdrückten Völker – mancher Flüchtling war bei euch durchgekommen – und die Ungerechtigkeit der Geschichte. Das war besonders die Frage, warum dein Land immer zum Spielball der Mächtigen werden musste. Darüber machtest du dir wohl deine Gedanken.

Aber du kanntest auch Israels Vergangenheit. Die Geschichte Gottes mit seinem Volk war dir vertraut. Du betetest die Psalmen. Du wusstest, wer Abraham und David waren, und hattest die Spuren Gottes in deinem Volk verfolgt. Die Riesensehnsucht nach einem Messias war dir lange ins Herz gegeben.

Da begegnet dir dieser Engel. Ich denke, das war die wichtigste Begegnung in deinem Leben. Weißt du noch, wie er dich gegrüßt hat: „Gegrüßt seist du, Holdselige!" Unser Martin Luther hat später übersetzt: „Voll der Gnade!" Du wirst das noch im Ohr haben. Ich dachte immer: „Begnadete" und hörte dabei ein „Freue dich!"

So begegnest du uns ja auch in den Weihnachtsliedern. Das schöne Lied „Es ist ein Ros entsprungen ..." war ursprünglich ein Marienlied. Es wurde später erst ein evangelisches Lied. Aber die Spuren der alten Fassung sind noch gut darin erkennbar. Auch in anderen Weihnachtsliedern kommst du vor: „Der aller Welt Kreis nie beschloss, der liegt in Marien Schoß". Oder: „Freut euch heute mit Maria, in der himmlischen Hierarchia!" Oder: „Wunderbarer Gnadenthron, Gottes und Marien Sohn". Oder: „Da liegt es, das Kindlein auf Heu und auf Stroh, Maria und Josef betrachten es froh". Oder: „Du König der Ehren, Herrscher der Heerscharen, verschmähst nicht zu ruhen in Marien Schoß."

Liebe Maria! Du bist auch für uns die Mutter Gottes. In unseren evangelischen Bekenntnisschriften heißt es: „Maria, die selige Mutter, wird Mutter Gottes genannt und ist es in Wahrheit."

Wie du ausgesehen hast, wissen wir nicht. Jung warst du, noch sehr jung. Vielleicht sechzehn Jahre alt? Du warst voller Vertrauen. Kind vom Land, der Natur verbunden, einfach aufgewachsen und bescheiden. Der große kräftige Zimmermann Josef hat dir schon immer gefallen. Schon als Kind hast du ihn in seiner Werkstatt besucht. Vielleicht hat er dir damals die Psalmen der hebräischen Bibel vorgelesen, die dich dein Leben lang begleitet haben.

Zum Beispiel Psalm 113, wo es heißt: „Vom Aufgang der Sonne bis zu ihrem Niedergang sei gelobt der Name des Herrn!" Da heißt es am Schluss: „Der die Unfruchtbare im Hause zu Ehren bringt, dass sie eine fröhliche Kindsmutter wird. Halleluja!" Oder Psalm 126: „Wenn der Herr die

DNS
NR

Gefangenen Zions erlösen wird, so werden wir sein wie die Träumenden. Dann wird unser Mund voll Lachens und unsere Zunge voll Rühmens sein. Dann wird man sagen unter den Heiden: Der Herr hat Großes an uns getan!"

Oder Psalm 34,2: „Ich will den Herren loben allezeit. Sein Lob soll allezeit in meinem Munde sein." Sicher kanntest du auch das Lob der Hanna aus 1 Samuel 2: „Mein Herz ist fröhlich in dem Herrn ... denn ich freue mich meines Heils! Es ist niemand heilig wie der Herr; außer dir ist keiner, und ist kein Fels, wo unser Gott ist."

Liebe Maria, weißt du noch, wie du dreimal selig gesprochen wurdest? „Du bist gebenedeit unter den Weibern"; „Selig bist du, die du das geglaubt hast"; „Von nun an werden dich selig preisen alle Kindeskinder". Ja, du wurdest von Gott in Anspruch genommen, eben begnadet. Josef aber stand zu dir. Was hätten denn die Leute gesagt, wenn du ohne den Josef an deiner Seite schwanger geworden wärest!

Du, liebe Maria, hast im Alten Testament aus dem Leben von Abraham und David und besonders in den Psalmen erfahren, was Schuld ist. Auch das Schuldbekenntnis war dir nicht fremd. Für dich waren Leib, Seele und Geist eine Einheit. Gott hat dich aus deiner Verschlossenheit befreit. Er hat dir diesen Jesus geschenkt. Theologisch ist das zumindest richtig. Josef wird zwar immer als alter Mann dargestellt, aber dazu wird es biologisch noch gereicht haben, ein Kind zu zeugen. Jedes Kind ist Gottes Kind.

Du, liebe Maria, hast nach Jesus auch noch andere Kinder geboren. Seltsam sind manchmal die Umwege Gottes. „Siehe, du wirst schwanger werden und einen Sohn gebären und du sollst ihm den Namen Jesus geben", hatte der Engel gesagt. Wenig später heißt es: „Darum wird auch das Heilige, das geboren wird, Gottes Sohn genannt werden." (Lukas 1,30 und 35).

Gut, du wusstest zu der Zeit nichts von einem Mann. Aber das ist schon wieder eine theologische Aussage. Wir wollen das auseinanderhalten. Die Freude über das, was dir angekündigt wurde, behieltest du nicht für dich. Du musstest reden. Du wandertest zu deiner Kusine Elisabeth, die mit dem Priester Zacharias verheiratet war und der es so ging wie dir. Sie erwartete ein Kind. (Lukas 1,41 und 57). Durch sie fühltest du dich gestärkt. Es quoll richtig aus dir heraus. Wir haben es gehört. Du nennst Gott deinen Heiland und Retter. Du sprichst von ihm, benennst alles, was er für dich getan hat.

„Er, er, er …" – wir sagen immer: „Ich, ich, ich". Bei dir stimmte der Satz wirklich: „Wes das Herz voll ist, des geht der Mund über!" Gott füllte dein Herz aus und darum konntest du ihm dein Herz ausschütten. Was wir manchmal so daherreden! Du hast dich richtig von Gott führen lassen.

Zwölf Wochen warst du in Freude mit Elisabeth zusammen. Viele Sänger und Dichter haben über diese Zeit nachgedacht. Was mögt ihr alles miteinander besprochen haben! Erst nach dieser Zeit gehst du nach Nazareth zurück.

Zu Josef sagst du nichts über die Engelsbotschaft. Er hatte inzwischen seine eigene Nachricht, denn eigentlich wollte er sich davonmachen, wollte seiner Wege gehen und dich sitzen lassen. Aber auf Geheiß Gottes bleibt er bei dir. So hast du Schutz, Stütze und Hilfe. Wenn wir auch immer um unsere Rechte kämpfen. Du lässt ihn für dich kämpfen.

Im zweiten Buch Mose (14,14) steht zu lesen: „Der Herr wird für euch streiten und ihr werdet stille sein." Im Psalm 62,2 hören wir: „Meine Seele ist stille zu Gott, der uns hilft!" Du warst stark durch den Glauben. Du wusstest, da hat mich einer in seinen Dienst genommen.

Ja, und dann kam die Volkszählung. Ihr musstet nach Bethlehem. „Er führt mich auf rechter Straße" (Psalm 23,3). Eigentlich ist gemeint: „auf gerechter Straße". Das ist auslegungsfähig. So steht es ja auch im Psalm. Es gab keine Herberge. Aber „Gott legt uns eine Last auf, aber er hilft uns auch" (Psalm 68,20). Es fand sich ein Platz im Stall. Die Geburt erfolgte ohne Komplikationen.

Sie „gebar" ihren ersten Sohn, nicht: Sie „bekam" ihn. „Nackt und bloß" lag er da. Arm und elend, im Dreck der Welt. Jesus, der Gottessohn, hatte eine Mutter. Er hatte dich.

Er war ein kleines Kind. Er lag an deiner Brust. Du hast ihn gestillt.

Manchmal lächelt dieser kleine Jesus auf unseren Darstellungen sehr erwachsen. Als ob er schon alles wüsste. Auf manchen Bildern kommt auch ein Lichtstrahl aus dem Herzen Gottes in deinen Schoß. Das zu bemerken ist vielleicht besser als die theologische und biologische Unterscheidung. Die Hirten kamen mit den Worten der Engel im Ohr und im Herzen. Sie hatten die frohe Botschaft gehört und verglichen sie mit dem, was sie fanden und sahen. So zogen sie fröhlich nach Hause. Es lohnt, die Schritte der Hirten nachzugehen.

Später kamen noch die Weisen aus dem Morgenland zu euch. Sie brachten wertvolle Geschenke mit. Albert Schweitzer hat sich als Junge darüber Gedanken gemacht, warum denn Maria und Josef so arm waren, wo doch die Weisen aus dem Morgenland sie so reich beschenkt hatten. Sie hatten dir sicher auch bestätigt, dass Jesus Gottes Sohn sei. Aber wie war das mit den Geschenken?

Es waren ja Gold, Weihrauch und Myrrhe. Eugen Drewermann, ein Theologe unserer Zeit, nahm die Geschenke symbolisch für das, was uns Menschen wesentlich ist.

Es war das Zentrum der Botschaft Jesu, einen Menschen selbst unter den Hüllen von Staub und Erbärmlichkeit zu entdecken als ein Stück lauteren Golds. Nie wird es Jesus uns erlauben, einen Menschen wie etwas Achtloses wegzuwerfen, sondern wer begreift, was der Mann aus Nazareth uns zu sagen hat, der wird sich auf die Suche machen nach den Spuren von Sternenstaub und Gold im Herzen eines jeden Menschen. Darum ist Gold das Zeichen unserer Dankbarkeit an dieses ewige Kind.

Weihrauch weist auf die Energie und die Glut hin, die von Jesus ausgeht. Jesus sagte einmal: „Wer mir nahe ist, der ist dem Feuer nahe!" – Dass unser Herz verglüht im Sturm einer leidenschaftlichen Liebe!

Dass wir den Schmerz und das Leid, die uns wie eine unvermeidliche Mitgift des Lebens begleiten, zu tragen vermögen ohne Verzweiflung, getröstet in Gott, wenn es geht, – das drückt sich aus im Geschenk der Myrrhe.

Das Matthäusevangelium, Olten und Freiburg, 1992, 2. Aufl., S. 286ff.

So entsteht ein Raum, der Raum, in dem Jesus geboren wird. Er soll ja in uns sein. Wir sind du, Maria. Ob wir männlich oder weiblich sind. Bis heute wird Jesus da geboren, in uns. Wenn wir es wollen. Aber wie ging es mit dir, liebe Maria, damals weiter?

Vierzig Tage nach der Geburt brachtet ihr das Jesuskind in den Tempel. Ihr brachtet das Opfer der armen Leute. Das waren zwei Tauben. Der greise Simeon und die Prophetin Hanna bestärkten dich, Maria. Simeon sprach von Jesus als dem „Licht, zu erleuchten die Heiden!" (Lukas 2, 29–36). Ob du das damals alles verstanden hast? War es nicht immer schon wie ein Schwert in deiner Seele? Das wird nicht gutgehen …? Vielleicht hast du ein ganzes Leben darüber nachgedacht.

Ihr seid dann nach Ägypten geflohen. Wie mag es euch dabei gegangen sein? Es ist immer ein schönes Bild. Du und das Kind auf dem Esel. Josef nebenher. Aber mehr wissen wir davon nicht. Irgendwann kamt ihr zurück. Genau war das nach dem Tod des Herodes.

Jesus wuchs heran. Bald war er zwölf Jahre alt. Die Ablösungsphase macht euch zu schaffen. „Muss ich nicht in dem sein, was meines Vaters ist?" – Jesus unterhält sich im Tempel mit den Schriftgelehrten. Das hat mich als Junge immer sehr beeindruckt. „Dass der sich das getraut hat." Woher wusste er das alles, was auch die Schriftgelehrten beeindruckte? Später wird er sagen: „Weib, was habe ich mit dir zu schaffen?" und: „Meine Brüder und Schwestern sind die, die den Willen meines Vaters im Himmel tun!" Wie ist es dir mit diesen Sätzen gegangen? Was fühltest du als Mutter? Irgendwann hast du gesagt, fast wie der ungläubige Thomas: „Mein Herr und mein Gott!"

Das Schwert in deinem Herzen? Achtzehn Jahre später war Josef tot. Du warst Witwe geworden (Markus 6,3 und Matthäus 13,55ff.). Jesus musste die ganze Familie ernähren. Als aber zwei seiner Brüder herangewachsen waren, Jakobus und Joses, verließ Jesus das Haus.

Johannes 2 begegnen wir dir, liebe Maria, wieder. Dein Sohn verwandelte Wasser in Wein. Er redete dich nicht mehr als Mutter an. Du machst dir deine Sorgen um ihn.

Du hattest ja auch sonst bis nach Nazareth von ihm gehört. Seine Botschaft aber war radikaler geworden. Er zeigt die Schäden auf in eurem Volk, in der Regierung und bei der Besatzungsmacht, den Römern. Du hast Angst um ihn gehabt.

Dann kam es, wie es kommen musste. Er wurde ans Kreuz geschlagen. Was magst du unter dem Kreuz gedacht haben? Denn dass du da warst, steht geschrieben: Johannes 19,25. Jesus weist euch – dich, seine Mutter, und seinen Lieblingsjünger Johannes – aneinander. Du musstest lernen, deinen Sohn loszulassen. Es war ein schwerer Tag für dich.

Eine Mutter, die ihren Sohn verliert. Ich habe selbst Kinder, ich ahne, wie das ist. Ob dir die Auferstehung Klarheit gebracht hat? Ob du diese unwahrscheinliche Tatsache überhaupt begriffen hast? Ob sie auch nur einer hat verstehen können?

In der Geschichte von der Himmelfahrt Jesu wirst du noch einmal erwähnt. Nach der Apostelgeschichte 1,14 gehörtest du zu dem kleinen Kreis der Jünger, die auf den Heiligen Geist warteten. Wir fragen uns, wie du die Entstehung der ersten christlichen Gemeinde begleitet hast. Hast du leiden müssen für deinen Glauben an den Auferstandenen? Was ist aus deinen anderen Kindern geworden? Irgendwann verschwindest du wieder im Dunkel der Geschichte. Legenden über dich gibt es zuhauf. Wir verehren dich, liebe Maria. Betend aber rufen wir allein den HERRN.

Jesus

Wort und Wahrheit

Da ist der See Tiberias. Fische werden noch heute dort gefangen. Zum Beispiel der Petrusfisch. Er hat viele Gräten. Sie bekommen ihn auf einem großen Teller – frisch aus der Bratpfanne. Damals briet man ihn zwischen zwei Steinen. Versetzen Sie sich in die Zeit Jesu. Sie sind mit Jesus gewandert. Sie wollen ruhen und essen. Nicht zu vergessen, zuerst wollen Sie etwas trinken.

Sie spüren Jesu Gegenwart. Er will etwas sagen. Er tut es auf sehr natürliche Weise. Er hat kein Pathos in der Stimme. Er sät mit Worten. Sie spüren, wie große Freude Sie durchdringt. Vielleicht haben Sie die zum letzten Mal so richtig empfunden, als Sie als Kind im Kindergottesdienst saßen und der Kantor spielte: „Liebster Jesus, wir sind hier …" Jesus war ein Mensch wie du und ich. Er war aber auch ganz Gottes Sohn, einer, der von Gott sprach, wie nie einer zuvor und danach.

Hören Sie in sich hinein: Was löst das Wort „Jesus" aus? Folgen Sie mir durch eine Sammlung von Jesus-Worten. Und später sehen wir dann, was andere von diesem Mann sagen.

1.

Ich fand eine kleine Kassette in einer alten Bibliothek, die ich mit auflösen half. Darin waren Kärtchen, handbeschrieben, mit Aussprüchen Jesu. Sie fassen Grundgedanken Jesu zusammen:

Lasset die Kinder, und wehret ihnen nicht, zu mir zu kommen; denn ihnen gehört das Reich Gottes.

Matthäus 19,14

Bittet, so wird euch gegeben; suchet, so werdet ihr finden; klopfet an, so wird euch aufgetan.

Matthäus 7,7

Ihr seid das Salz der Erde. Wenn nun das Salz nicht mehr salzt, womit soll man salzen? Es ist zu nichts mehr nütze,
als dass man es wegschüttet
und lässt es von den Leuten zertreten.

Matthäus 5,13

Darum sorgt nicht für morgen;
denn der morgige Tag wird für das Seine sorgen.
Es ist genug, dass jeder Tag seine eigene Plage hat.

Matthäus 6,34

Ihr sollt euch nicht Schätze sammeln auf Erden,
wo sie die Motten und der Rost fressen
und wo die Diebe einbrechen und stehlen.
Sammelt euch aber Schätze im Himmel,
wo sie weder Motten noch Rost fressen
und wo die Diebe nicht einbrechen und stehlen.
Denn wo dein Schatz ist, da ist auch dein Herz.

Matthäus 6,19–21

Ein neues Gebot gebe ich euch,
dass ihr euch untereinander liebt,
wie ich euch geliebt habe,
damit auch ihr einander lieb habt.
Daran wird jedermann erkennen, dass ihr meine Jünger seid,
wenn ihr Liebe untereinander habt.

Johannes 13,34f.

Da trat Petrus zu ihm und fragte:
Herr, wie oft muss ich denn meinem Bruder,
der an mir sündigt, vergeben? Genügt es siebenmal?

Jesus sprach zu ihm: Ich sage dir; nicht siebenmal, sondern siebzigmal siebenmal.

Matthäus 18,21f.

Selig sind, die da geistlich arm sind;
denn ihnen gehört das Himmelreich.

Selig sind, die da Leid tragen,
denn sie sollen getröstet werden.

Selig sind die Sanftmütigen;
denn sie werden das Erdreich besitzen.

Selig sind, die da hungert und dürstet nach der Gerechtigkeit;
denn sie sollen satt werden.

Selig sind die Barmherzigen;
denn sie werden Barmherzigkeit erlangen.

Selig sind, die reinen Herzens sind;
denn sie werden Gott schauen.

Selig sind die Friedfertigen;
denn sie werden Gottes Kinder heißen.

Matthäus 5,3–9

Wahrlich, wahrlich, ich sage dir:
Es sei denn, dass jemand geboren werde aus Wasser und Geist, so wird er nicht in das Reich Gottes kommen.
Was vom Fleisch geboren ist, das ist Fleisch;
und was vom Geist geboren ist, das ist Geist.

Johannes 3,5–6

Ich habe Wohlgefallen an Barmherzigkeit und nicht am Opfer.

Matthäus 9, 13

Es ist nichts verborgen, was nicht offenbar wird, und nichts geheim, was man nicht wissen wird.

Matthäus 10,26

2.

Ihnen, lieber Leser, sind vielleicht andere Stellen aus den Predigten Jesu wichtig. „Jesus!“ – Das ist das kürzeste Gebet überhaupt und heißt so viel wie: „Du weißt, was mir fehlt, wo ich stehe, was ich will und was ich falsch gemacht habe!“ Was hören, was sehen wir da, wenn wir das Wort aussprechen?

- Etwas Tröstliches. (Johannes 1,5)
- Eine leuchtende Quelle. (1 Kor 4,5)
- Eine ursprüngliche liebende Macht. (Johannes 1,4)
- So ein Licht tut gut. Es ist das Weihnachtslicht: „Das ewig Licht geht da herein, gibt der Welt einen neuen Schein!“ (EG 23, 4)
- Es ist das überirdische Licht der Verklärung, das die Jünger in Verzückung setzt, so dass sie auf dem Berg Hütten bauen wollen. (Matthäus 17,1–13)
- Es ist das Licht der Auferstehung. Ein Licht, das Schatten vertreibt und den Tod, ein Licht, das Freude bringt, den Tag hell macht. (Matthäus 28,3)

„Jesus!“ Was hören, was sehen wir da, wenn wir das Wort aussprechen? – Es ist wie ein Stein, der ins Wasser geworfen wird. Wellen, die von Jesus ausgehen: Liebe, Gewaltlosigkeit, Dienst, Annahme, Vergebung. (1 Kor 13)

„Jesus!“ Was hören, was sehen wir da, wenn wir das Wort aussprechen? – Ganz bestimmt die Geschichten des Neuen Testaments:

- Vielleicht liebt einer die Gleichnisse Jesu, die vom Verlieren und Finden reden? (Lukas 15,11–32)
- Vielleicht liebt einer den Jesus, der uns unsere Schuld, unsere Gottesferne und unsere Gottvergessenheit vergibt? (Matthäus 6,12)
- Vielleicht liebt einer den Jesus, der ihm half, die Angst in seinem Leben zu überwinden und zu einem freien und

fröhlichen und auch dankbaren Menschen zu werden? (Johannes 16,33)

- Vielleicht liebt einer den Jesus, der ihm die Kraft gibt, mit dieser Welt und Zeit zurecht zu kommen? (Johannes 3,16)

Und dann gibt es noch Bilder von Jesus, die uns in den Sinn kommen, Bilder, die eine ganze Welt von Vorstellungen und Gefühlen wecken können:

Bilder

- Der gute Hirte. (Psalm 23; Johannes 10,1–30)
- Jesus segnet die Kinder. (Markus 10,13–16)
- Jesus feiert mit seinen Jüngern das Heilige Abendmahl. (Lukas 22,7–23)
- Die Kreuzigung. (Lukas 23,32–49)
- Der auferstandene Herr. (Lukas 24)

Und dann gibt es auch Hör-Bilder von Jesus, die uns in den Sinn kommen, Klänge, die eine ganze Welt von Vorstellungen und Gefühlen wecken können:

Zum Beispiel Melodien

- Liebster Jesus, wir sind hier … (EG 161)
- Jesu, geh voran auf der Lebensbahn … (EG 391)
- Bei dir, Jesus, will ich bleiben … (EG 406)
- Jesu, meine Freude… (EG 396)
- Wohl mir, dass ich Jesus habe … (J. S. Bach)

Bestimmte Melodien ruhen tief in uns. Wie oft haben wir sie gesungen. Wie haben wir die unterschiedlichsten Stimmungen mit ihnen verbunden. Wie oft haben sie uns froh gemacht. Wie oft haben sie uns im Schmerz geholfen! Sie haben unsere Blicke auf die Mitte unseres Lebens gerichtet. Was Worte selbst oft nur sehr unvollkommen können, das können Melodien: Worte zum Strahlen bringen.

So löst der Name Jesus Assoziationen aus, Bilder und Töne und die Erinnerung an Worte und Geschichten. Und zuletzt hat der Name „Jesus“ noch etwas sehr Wichtiges:

Atem

„Jesus!“ das ist Ausatmen und Einatmen: Wenn Jesus uns begegnet, atmen wir aus, was uns bedrückt:

- die Enge unseres Herzens (2 Kor 6,12)
- die schlechte geistliche Luft (EG 423,6)
- den Geist der Lüge und der Traurigkeit (EG 328,2)
- der Mutlosigkeit und des Egoismus (EG 494,5)
- des Hochmuts und des Spotts (EG 134,6),

und wir atmen ein:

- die herrliche Freiheit der Kinder Gottes (EG 241,1),
- die Freude des Augenblicks (EG 133,6),
- das Glück der Begegnung (EG 386,4),
- die klare Luft der Vergebung (Markus 2,1–12),
- die Begeisterung des Neuanfangs (Apostelgeschichte 8, 26–40).

Wir atmen den Tod aus und das Leben ein. (Johannesevangelium 5,24). Dieses Atmen ist die wichtigste Bewegung in unserem Leben.

3.

Nach all dem fragen Sie sich: Ist es wohl möglich, an Hand der Evangelien des Neuen Testamentes ein Leben Jesu zu schreiben?

Da sage ich nein. Denn dazu sind sie nicht geschrieben.

Angesichts dessen fragen Sie sich, was wir überhaupt wissen von Jesus?

Aus den Evangelien des Neuen Testaments, antworte ich dennoch. Es sei aber bedacht: Alles, was da steht, ist bereits überlagert von Glaubensaussagen der urchristlichen Gemeinde. Da möchten Sie nun wissen, worüber denn Klarheit besteht. Ich fasse es so zusammen:

Jesus war ein Jude. Außerchristliche Quellen berichten wenig über ihn. Lediglich bei Tacitus (Annalen XV 44, etwa 100 n. Chr.) wird er erwähnt. Er wurde 7 n. Chr., wohl in Bethlehem geboren.

Er kam von Gott. Er predigte und vollbrachte Wunder. Er stellt sich gegen die herrschende religiöse Meinung seiner Zeit und wurde dafür von den Römern am Kreuz hingerichtet.

Sein Vater hieß Josef und war Zimmermann. Seine Mutter hieß Maria und hat ihn Zeit seines Lebens begleitet. Seine Brüder waren nach dem Markusevangelium (6,3) Jakobus, Joses, Judas und Simon. Auch Schwestern Jesu werden erwähnt (Matthäusevangelium 13, 56).

Jesus sprach das galiläische Aramäisch. Er wurde auferweckt und fuhr in den Himmel. Aber das sind schon theologische Aussagen.

Sie fragen nach dem politischen Umfeld, in dem Jesus lebte, wirkte und starb. Dazu lässt sich etwa Folgendes sagen:

Die Juden waren zur damaligen Zeit, wie die meiste Zeit ihrer Geschichte, nicht frei. Judäa wurde von einem römischen Prokurator verwaltet, Galiläa von halbjüdischen

Vasallenfürsten des Imperium Romanum. Religiös waren die Juden selbstständig. Die höchste jüdische Rechtsinstanz ist der Hohe Rat mit seinen 71 Mitgliedern. Den Vorsitz hatte der Hohepriester.

Sie fragen, was das religiöse Leben der Juden zur Zeit Jesu prägte?

- Ich nenne zuerst die intensive Enderwartung, die sogenannte Apokalyptik. Dazu wäre der Pharisäismus zu beachten.
- Die Apokalyptik geht davon aus, dass die Welt immer böser wird. Erst die Endzeit bringt den neuen Zustand der Welt. Wie der aussieht, darüber sind sich die Theologen nicht einig. Besonders betont wird das Gesetz. Es steht im Alten Testament.
- Nach jüdischem Glauben steht die Welt auf drei Grundlagen: auf der Tora (also der gesetzmäßigen Weisung), auf dem Kultus und auf der Liebestätigkeit. Gott selbst hat das alles so eingeteilt. Von ihm sind die Gebote. Das ganze Leben soll ein Jude danach ausrichten.
- Ein Beispiel: Es wird genau festgelegt, was man am Sonntag tun darf und was nicht. Die Hauptsache am Sabbatgebot ist der Verzicht auf jede Arbeit. 39 verschiedene Arbeiten darf man nicht tun.
- Wichtig ist für den frommen Juden weiter das tägliche Gebet zur bestimmten Zeit. Die Hauptgebete sind das oft und gern gesprochene „Schema Israel“ und das „Achtzehnstundengebet“.
- Neben dem kultischen steht der ethische Bereich. Der fromme Jude soll bescheiden sein. Er soll den Nächsten lieben. Er soll ihm vergeben. Er soll den Armen helfen. Der Nächste ist aber zunächst immer der Glaubensgenosse.
- Der Jude weiß, dass der Mensch ein Geschöpf Gottes ist. Er kann den Willen Gottes bejahen oder verweigern. Er ist frei. Aber Gott ist barmherzig. Gott ist mächtig und gerecht.

Sie fragen, wer Jesus wirklich war: Gottes Sohn oder ein Mensch wie wir?

Ich erkläre es so: Die Bezeichnung „Gottes Sohn“ ist ein Titel. Der war in der religiösen Umwelt seiner Zeit keine Seltenheit. Wir dürfen aber nicht vergessen, dass Jesus und seine Verkündigung, seine Person und seine Botschaft zusammengehören.

Jesus selber hat höchstwahrscheinlich keinen der Hoheitstitel, die ihm in den Mund gelegt wurden, für sich in Anspruch genommen. Er hat sich nicht selbst als den Messias bezeichnet. Die Aussagen darüber sind Gemeindebildung und Glaubensaussage. Jesus hat einfach gelebt und verwirklicht, wozu er sich von Gott berufen glaubte.

Sie fragen: Hat Josef nun Jesus gezeugt oder nicht?

Nun, ich sage: Er hat ihn gezeugt. Biologisch geht das nicht anders. Aber theologisch gesehen gibt es noch andere Möglichkeiten. Wer die Geburts- und Weihnachtsgeschichten der Evangelien vergleicht, entdeckt:

- Nach dem Markusevangelium (1,9ff.) ist Jesus durch Adoption Gottes Sohn geworden. Bei der Taufe Jesu ertönt eine Stimme vom Himmel: „Dies ist mein lieber Sohn …“
- Nach dem Römerbrief (Röm 1,4) ist Jesus nach seiner Auferstehung in die Sohnschaft eingesetzt worden.
- Nach dem Johannesevangelium (Joh 1ff.; 8,58) ist Jesus durch die Lehre von der Präexistenz „Gottes Sohn“, und zwar schon von Ewigkeit her.

Sie fragen nach der Bergpredigt. Ob sie tatsächlich umzusetzen wäre im täglichen Leben, im Alltag?

Ich glaube, Jesus will uns auffordern, umzukehren und unser Leben zu ändern. Er will eine neue Gesinnung. Die

Bergpredigt will so etwas wie ein Spiegel sein, in dem der Mensch seine Sünden erkennt und seine Zuflucht zum Kreuz Christi nimmt. Er richtet sich besonders an die, die mit Ernst Christen sein wollen.

Sie fragen, ob denn diese schönen Worte nur für uns privat gelten. Haben sie nicht auch Auswirkungen auf den politischen und sozialen Bereich?

Ich glaube, die Bergpredigt gilt für alle Lebensbereiche. Man kann mit ihr, aber auch gegen sie regieren. Sie soll aber praktiziert werden. „Wer diese meine Worte hört und tut sie …" heißt es am Schluss.

Sie fragen, ob Sie schuldig werden, wenn Sie die Forderungen der Bergpredigt nicht erfüllen?

Ich glaube, schuldig werden gehört zu unserem Menschsein dazu. Wir sind alle nicht so, wie Gott uns haben will. Darum brauchen wir die Vergebung.

Sie fragen nach der Kreuzigung Jesu? Ob da die Zeiten und Datierungen stimmen …

So viel steht fest: Am Abend und in der Nacht des 14. Nisan (April) ereigneten sich das Abschiedsmahl Jesu mit seinen Jüngern, der Gebetskampf, die Verhaftung in Gethsemane und das Verhör vor dem Hohen Rat unter dem Hohenpriester Kaiphas.

Am Freitag, dem 15. Nisan, ereigneten sich die Auslieferung an Pontius Pilatus, der Prozess, die Verurteilung zum Tode, Kreuzigung und Tod Jesu und sein Begräbnis. Das hat alles zusammen keine 24 Stunden gedauert.

Und nun, natürlich, fragen Sie auch nach der Auferstehung.

Dazu möchte ich Ihnen sagen: Nach der Kreuzigung Jesu vollzog sich im Jüngerkreis ein Stimmungswechsel. Wir sehen das an der Geschichte von den beiden Emmausjüngern (Lukas 24, 13–35).

Sie sind traurig, enttäuscht, hoffnungslos. „Wir aber hofften, er sei es, der Israel erlösen würde!“ Den anderen Jüngern ging es ebenso. Doch kurze Zeit später ändert sich das Bild. Ein ungeheurer Aufbruch geschieht. Das Christentum verändert die Welt. Was ist geschehen?

Petrus und die anderen Jünger behaupten, dass Jesus nicht im Tode geblieben ist, sondern auferstanden sei. Sie sagen, er sei ihnen erschienen. Der älteste und zuverlässigste Bericht steht im 1. Korintherbrief. Paulus schreibt:

„Ich habe euch als Hauptstück überliefert, was ich selbst übernommen habe: dass Christus gestorben ist für unsere Sünden nach den Schriften, dass er begraben worden ist und dass er erschienen ist dem Kephas, dann den Zwölfen. Danach erschien er über fünfhundert Brüdern auf einmal, von denen die meisten jetzt noch leben; einige aber sind entschlafen. Danach erschien er dem Jakobus, dann allen Aposteln. Zuletzt von allen aber, gleichsam als Fehlgeburt, erschien er auch mir.“

1 Kor 15,3ff.

Sie fragen: Kann man damit etwas anfangen und ist das wirklich ein Beweis für die Auferstehung?

Paulus versichert, dass er nur weitergebe, was er selbst empfangen habe. Wir haben es also mit einem alten, zur Formel geprägten Traditionsgut zu tun. Der 1. Korintherbrief ist im Frühjahr 56 oder 57 von Paulus in Ephesus geschrieben worden. Das waren etwa 25 Jahre nach dem Tod Jesu. Der Tod fällt in das Jahr 30 oder 33. Die Bekehrung des Paulus fand etwa drei Jahre danach statt. Paulus wird diese Traditionsformel bald nach seiner Bekehrung in Damaskus oder später in Antiochien oder Jerusalem übernommen haben. Wahrscheinlich lagen zwischen dem Ereignis der Auferstehung und der Entstehung dieser Glaubensformel nur wenige Jahre.

Die Ostergeschichten der Evangelien sind viel jünger und vor allem historisch unzuverlässiger. Sie zeigen auch viele Widersprüche und Unstimmigkeiten auf. Das leere Grab hat sowohl historisch wie auch theologisch keine Beweiskraft. Aber die Wahrheit der Auferstehung erschließt sich ohnehin im Glauben. Es heißt: „Der Herr ist wahrhaftig auferstanden", nicht „der Herr ist tatsächlich auferstanden!" Die Auferstehung Jesu ist und bleibt eine Glaubensaussage.

Wenn ich das Neue Testament lese, fällt mir immer wieder auf, dass der Glaube an die Auferstehung Jesu etwas im Leben der Menschen verändert: Sie teilen ihren Besitz. Sie bilden neue Gemeinschaften. Sie haben ein anderes Verhältnis zu Angst, Leid und Not. Sie sind sogar bereit, für ihre Wahrheit ins Gefängnis zu gehen. Das hat doch viel von einem wahren Wunder …

Jesus

Humor aus Gottvertrauen

Siehe, ich sende euch wie die Schafe mitten unter die Wölfe. Darum seid klug wie die Schlangen und ohne Falsch wie die Tauben … Und fürchtet euch nicht vor denen, die den Leib töten und die Seele nicht können töten; fürchtet euch aber vor dem, der Leib und Seele verderben kann in der Hölle. Kauft man nicht zwei Sperlinge um einen Pfennig? Dennoch fällt deren keiner auf die Erde ohne euren Vater. Nun aber sind auch eure Haare auf dem Haupte alle gezählt. Darum fürchtet euch nicht; ihr seid besser als viele Sperlinge.

Matthäus 10,16.28–31

Als ich mir vor 55 Jahren einen Spruch für meine Konfirmation aussuchen sollte, habe ich dieses Jesuswort gewählt: Fürchtet euch nicht vor denen, die den Leib töten und die Seele nicht können töten …

Das klingt für einen Dreizehnjährigen etwas pathetisch. Aber es war 1951, die Stalinzeit. Krieg und Nazizeit waren gerade vorüber, und nun herrschte schon wieder staatliche Willkür und Aggressivität, auch den Christen gegenüber. In dem kleinen Städtchen, in dem wir damals lebten, verschwanden oft Menschen. Man flüsterte nur vorsichtig: Den haben die Russen geholt. Da war der Sägewerksbesitzer Hasselmann. Als sie den abholen wollten, floh er auf das hohe Dach seines Sägewerkes und stürzte sich in den Tod.

Und dann verschwanden auch immer mehr Menschen, von denen es hieß: Die sind nach Westen abgehauen. Mein alter Lateinlehrer Herr Krake war auch plötzlich weg. Später sprach es sich herum: Er ist in Sibirien umgekommen. Bei mir hatte sich das im Kopf so festgesetzt: Entweder wir hauen nach Westen ab oder wir kommen nach Sibirien. Ich habe auch mal meinen Vater darauf angesprochen. Der hat etwa so geantwortet: Gott hat gesagt, wir sollen hier bleiben.

In dieser geistigen Luft habe ich mir diesen Konfirmationsspruch ausgesucht. Und ich bin bis heute dankbar, dass in solchen Jesusworten sich der Himmel auftut und unsere Ängste und Sehnsüchte ernst genommen werden und dass da mit so viel Humor das Gottvertrauen als unsere Zuflucht angeboten wird.

Denn dass die Haare auf unserem Kopf alle gezählt sind, das ist ja nicht schwarzer Humor, sondern das ist der kostbare Humor, der aus Gottvertrauen geboren wird. Jedes Mal beim Kämmen verlieren wir wieder ein paar Haare und manchmal wachsen auch noch neue zu. Kein Computer könnte da den Überblick behalten. Gott hat den Überblick, sagt Jesus, und unser Leben ist in seiner Hand. – Und das bei dem Thema Verfolgung!

Denn diese Predigt Jesu in der Überlieferung bei Matthäus beginnt mit den Worten: Siehe, ich sende euch wie Schafe mitten unter die Wölfe. Darum seid klug wie die Schlangen und ohne Falsch wie die Tauben. Und ihr werdet gehasst werden um meines Namens willen (Vers 22a).

Und dann das Bildwort mit den Spatzen, von denen keiner zu Boden fällt ohne den Willen Gottes. Das ist eine kühne Behauptung. Nach unserem Eindruck und unserem Wissen entscheidet das der Kommissar Zufall: Der eine Spatz wird von der Katz gefressen, der andere piept fröhlich weiter. Der eine Mensch wurde nach Sibirien verschleppt, der andere kam heil durch die gefährlichen Zeiten. Der Zufall! Wir sagen dann: „Ich hab Glück gehabt“. Der alte Lanzer, der vom Krieg erzählt, sagt: „Schwein gehabt! Die Kameraden neben mir waren alle tot.“

Der große Entdecker der Entwicklung des Lebens, Charles Darwin, antwortet auf die Frage, wie das kommt, dass sich aus den einfachen Tierarten die Säugetiere und schließlich sogar der Mensch entwickelt haben: Das war Zufall! Die Entwicklung der Arten in den sogenannten Mutationen ist nicht gesteuert, sondern ist durch Zufall so geworden. Was nicht lebensfähig war, ist untergegangen, und was sich anpassen konnte, überlebte. Der Zufall ist eine wichtige philosophische Größe.

Auf der anderen Seite läuft alles Leben aber auch nach inneren Gesetzen ab. Alles Leben läuft nach Naturgesetzen. Schon der griechische Philosoph Demokrit hat 400 Jahre vor Christus geschrieben: „Alles, was im Weltall existiert, ist Frucht von Zufall und Notwendigkeit“. Und auch das heutige philosophische Denken ist in der Sache nicht klüger. Alles Leben läuft in den ehernen Naturgesetzen.

Im Blick darauf soll Albert Einstein einmal gesagt haben: Gott würfelt nicht. Aber er musste dann auch zugestehen, dass es so etwas wie Chaos gibt, ein Durchbrechen aller Gesetzmäßigkeiten. Die heutigen Mathematiker können dieses Chaos regelrecht vorführen. Philosophisch, also denkerisch betrachtet, ist das eine echte Aporie, also eine ausweglose Frage, ein Gegensatz, der sich eigentlich gegenseitig ausschließt: entweder zufällig oder gesetzmäßig, also gesteuert.

Jesus von Nazareth diskutiert nun nicht diese Aporie, sondern er sagt in humorvoller Zuspitzung: Kein Spatz fällt vom Himmel, ohne dass Gott es will, und die Haare auf unseren Köpfen sind alle gezählt. Soll heißen: Im Angesicht von Leid und bedrohtem Leben hilft nur dieses Gottvertrauen, dass wir aufgehoben sind im Leben und im Sterben in seiner Hand, wir, die wir bis heute durchgekommen sind und auch die, die ihr irdisches Leben verloren haben. Und nur in Gottes Hand lohnt das ganze – das leidvolle und das glückhafte – Leben. Und auch die Toten kommen nicht zu kurz. Das ist Osterglauben.

Wir können einmal abtauchen in unseres Herzens Grund oder unseres Herzens Abgründe und uns fragen: Bin ich ein Produkt des Zufalls? Haben mich meine Eltern eigentlich gewollt? Ich weiß von meiner Mutter, dass sie sehr erschrocken war, als sich mein Kommen ankündigte. Oder: Ist das zufällig, was ich Schweres erlebt habe, hätte ich dem vielleicht mit mehr Erfahrung ausweichen können? Oder verantwortet das alles am Ende Gott?

Im Glaubensbekenntnis steht ja nicht der Satz: „Ich glaube, dass meine Haare auf dem Kopf alle gezählt sind“! Die Kirchenväter haben so nicht formuliert. Aber wenn Jesus selber das Glaubensbekenntnis formuliert hätte, dann hätte das so da stehen können: „Ich glaube, dass die Haare auf meinem Kopf alle gezählt sind“.

Humor aus Gottvertrauen. Wer auf die Sprache Jesu achtet, der kann das mehrfach entdecken, z.B. in dem Bild vom Splitter im Auge des Mitmenschen und dem Balken im eigenen Auge. Oder das drastische Bildwort von dem Kamel, das leichter durch ein Nadelöhr geht, als dass ein Reicher in Gottes Reich findet. Oder angesichts der Sorgen, die wir so aushalten müssen: Seht die Vögel unter dem Himmel und die Lilien auf dem Felde. Euer Vater im Himmel weiß, was ihr so alles braucht. Humor aus Gottvertrauen, eine wunderbar heitere Gelassenheit.

Und dann wir! Die wir häufig so verbissen um unser Stückchen Glück und Leben kämpfen! Oder auch nur ums Rechthaben streiten. Aber auch das gehört zum Neuen Testament, das heißt doch: zur Erbschaft Jesu, dass wir uns von seinem Humor aus Gottvertrauen inspirieren lassen.

Nikodemus

Bedeckter Glaube

Nikodemus gehört zu den Randgestalten in den Evangelien. Die ersten drei Evangelien berichten nichts von ihm, wohl aber der vierte Evangelist.

Im Johannesevangelium tritt er in drei mehr oder weniger kurzen Szenen in Erscheinung (Joh 3,1ff.; 7,45ff.; 19,38ff.). Auf seiner Visitenkarte steht: Mitglied des Synhedriums, des Hohen Rates, Schriftgelehrter, pharisäische Partei (Joh 3,1.10; 7,50). Er ist ein „gebildeter Mensch, dazu befugt und angehalten, andere zu belehren, dem Volk Weisung zu geben."[1] Er ist angesehen und verhält sich korrekt.

Seine Korrektheit kommt in seinem Eintreten für ein ordentliches Verfahren gegen Jesus zum Ausdruck (Joh 7,50f.). Dazu liest man, wie das Synhedrium, vertreten durch die Hohenpriester und die Pharisäer, Jesus, der von Gott gesandt ist und auf ganz unterschiedliche und zwiespältige Reaktionen stößt, dingfest zu machen sucht. Man schickt „Leute" nach ihm aus, die ihn festnehmen sollen. Sie kehren jedoch unverrichteter Sache wieder zurück.

Gefragt, warum sie mit „leeren Händen" zurückkommen, verweisen sie auf den großen Eindruck, den Jesus auf sie gemacht hat: „Noch nie hat ein Mensch so geredet wie dieser." Daraufhin müssen sie den vorwurfsvollen Verdacht der Pharisäer hören: „Habt ihr euch auch verführen lassen?" (Joh 7,46f.).

Offenbar sehen die Pharisäer in Jesus längst einen „Verführer", um nicht zu sagen: *den* „Verführer", gleichsam einen Irrlehrer, vor dem man sich zu hüten hat, – der abgeurteilt werden muss.

Da tritt denn Nikodemus auf und wendet sich mit dieser Frage an Seinesgleichen: „Richtet denn unser Gesetz einen Menschen, ehe man ihn verhört und erkannt hat, was er tut?" (Joh 7,51). Ja, wirklich, dieser Nikodemus ist ein ganz und gar korrekter Schriftgelehrter. Er mahnt die eigene Gruppe zur Sachlichkeit und das ist nicht nur korrekt, sondern auch mutig.

Mitunter gehört schon Mut dazu, nicht konform zu gehen, sich mit gegenteiliger Meinung und Überzeugung gegen die eigene Gruppe zu stellen, einem sogenannten Gruppenzwang nicht zu erliegen. Man macht sich dadurch natürlich nicht gerade „lieb Kind". Ein Nikodemus bringt die Courage auf, sich nicht unterzuordnen, seine gegenteilige Meinung zur Geltung zu bringen, und wird daraufhin von den Pharisäern schon fast verdächtigt, Jesus nahe zu stehen, ein Jesusanhänger zu sein (Joh 7,52).

Die Pharisäer richten sich ja nicht nur gegen Jesus, sondern zugleich auch gegen alle, die ihm nahe stehen. Sie treten im Johannesevangelium als eine Behörde mit außerordentlich großer Machtbefugnis auf. Man muss sich vor ihnen in Acht nehmen, besonders als jemand, der sich zu Jesus als dem Christus bekennt.

Dieses Bild von den Pharisäern stimmt übrigens mit dem Bild der Pharisäer zur Zeit Jesu nicht überein. Es „hat seinen Platz in der Zeit und Geschichte der johanneischen Gemeinde, also in der Epoche nach dem jüdischen Krieg 66–73 nach Christus."[2] In dieser Zeit etwa haben sich die johanneische Gemeinde und die Synagoge voneinander trennen müssen. Das Selbstverständnis der Judenchristen war mit der Zeit unvereinbar geworden mit dem der Juden und umgekehrt. Solche Trennung hatte zur Konsequenz, dass sich die Christen als Minderheit einer Mehrheit gegenüber sahen, die das gesellschaftlich-religiöse Leben dominierte. Es liegt nahe anzunehmen, dass sie in solcher Lage mit Einschnitten und Benachteiligungen zu rechnen hatten.

Wenn nun der Evangelist erzählt: „Doch auch von den Oberen glaubten viele an ihn; aber um der Pharisäer willen

IOSEPH
NICODEMUS
HORTUS ·
NICODEMUS · Z · IOSEPH

bekannten sie es nicht, um nicht aus der Synagoge ausgestoßen zu werden.“ (Joh 12,42), dann wird man sich wohl vorstellen können, wie ein Nikodemus vorsichtig genug war, sich als Anhänger Jesu nicht zu verraten, um seine Position und sein Ansehen nicht zu verlieren. Der Evangelist hat zu solch einem Verhalten keine gute Meinung, wenn er schreibt: „Denn sie hatten lieber Ehre bei den Menschen als Ehre bei Gott.“ (Joh 12,43).

Natürlich, so oder ganz ähnlich kann man die Dinge sehen, aber gibt es nicht Situationen, in denen das eigene Verhalten zu einer Gratwanderung wird? Die Zeiten liegen noch nicht lange zurück, in denen man sich in einem deutschen Staat gut überlegen musste, zu wem man was sagen konnte und durfte. Oft standen da ganz praktische Dinge für das Weiter- und Fortkommen auf dem Spiel. Vieles ließe sich dazu sagen und mit Sicherheit auch ganz Unterschiedliches. Der Evangelist jedenfalls war zu der Ansicht gekommen, dass diejenigen, die ihren Jesusglauben vor anderen nicht zu erkennen geben wollten, mehr auf die „Ehre bei den Menschen“ als auf die „Ehre bei Gott“ setzten.

Der gebildete, korrekte, mutige und zugleich vorsichtige Nikodemus kommt dann erst wieder ganz am Schluss des Evangeliums in den Blick, nämlich nach dem Bericht von der Kreuzigung Jesu. Da liest man, wie Josef von Arimathäa und Nikodemus das Begräbnis Jesu besorgen (Joh 19,38ff.).

Im Unterschied zu den ersten drei Evangelien (Mt 27,57ff.; Mk 15,42ff; Lk 23,50ff.) merkt der Evangelist bei Josef von Arimathäa an, dass er „ein Jünger Jesu war, doch heimlich, aus Furcht vor den Juden“ und bei Nikodemus weist er rückblickend darauf hin, dass er des Nachts zu Jesus gekommen war (Joh 3,2), um – wie man hier sicher zu verstehen hat – für seine Nähe zu ihm nicht erkannt zu werden.

Als „heimlicher Jünger“ erweist Josef von Arimathäa dem toten Jesus die Ehre, indem er sich bei Pilatus für ihn einsetzt (Joh 19,38). Mit ihm erweist auch Nikodemus, der sich als Jesusanhänger bedeckt hält, dem toten Jesus seine Verehrung – indem er kommt und für die Beerdigung eine große Menge an wohlriechenden Duftstoffen (Myrrhe und Aloe) mitbringt (Joh 19,39).

Er bringt „ca. 100 Pfund (d.h. ca. 33 Kilogramm!) einer Mischung aus kleingestampfter Myrrhe (ein Naturharz) und Aloe (eine wohlriechende Holzart) mit. Das soll zwischen die Leinentücher gestreut werden. Die große Menge erinnert an 12,3 und drückt die Verehrung aus.“[3]

Von der „heimlichen Jesusverehrung“ des Nikodemus liest man nun vor allem in der eben schon erwähnten ersten Szene, im sog. Nikodemusgespräch (Joh 3,1–12). Hier erzählt der Evangelist, wie Nikodemus (mit anderen zusammen) Jesus aufgrund seiner Zeichen, das heißt seiner Wundertaten, als einen „von Gott gekommenen Lehrer“ erkannt hat (Joh 3,2). Im anschließenden Jesus-Wort wird die theologische Sicht des Evangelisten erkennbar: „Wahrlich, wahrlich, ich sage dir: Es sei denn, dass jemand von oben (von neuem) geboren werde, so kann er das Reich Gottes nicht sehen.“ (Joh 3,3).

Mit anderen Worten: Um das Reich Gottes „sehen“ zu können, um zum „ewigen Leben“ zu kommen (Joh 3,14ff.), bedarf es einer Geburt „von oben“, und das heißt: der Begegnung mit Jesus, der „von oben“ (Joh 3,31; 8,23) als der Gesandte Gottes gekommen ist und der Weg, die Wahrheit und das Leben ist (Joh 14,6). Das, was Jesus ihm sagt, versteht Nikodemus nicht. Er missversteht es. Er kann, weil er „von unten“ ist, nur irdisch sehen, „glauben“ und begreifen. Und so versteht er Jesus „nur“ als einen von Gott gekommenen Lehrer, während er doch in Wahrheit der Offenbarer Gottes ist. Mit seiner Erkenntnis steht Nikodemus noch immer vor dem eigentlichen Wunder, dem Geschenk des Glaubens.

Im Blick auf alle drei „Nikodemus-Szenen“ hat man einen Glaubensfortschritt, „Glaubensstufen“ bei Nikodemus annehmen wollen. Das aber geben die Texte nur schwer her und so hat man denn auch dies gesagt: „Nirgends zeigt Johannes einen Ablauf von Glaubensstufen, Nikodemus wird nur in der Rolle des Missverstehenden gezeigt, und diese Rolle ist für Johannes die Rolle des Jüngers …“.[4]

So bleibt Nikodemus als heimlicher Jesusanhänger jemand, der im Sinne des Evangelisten auf die „Zeichen“ und damit auf den Gesandten Gottes missverstehend reagiert.

Er ist sozusagen ein Jünger Jesu, der einen „von oben" verliehenen Glauben noch vor sich hat.

Darin kann Nikodemus durchaus sympathisch sein, denn wer würde als Christ von sich behaupten wollen, der eigene Glaube verstünde immer und zu jeder Zeit ganz und gar das Geheimnis der Offenbarung Gottes in Christus. Ich denke, man kann auch hier nur auf dem Weg sein und stimme Martin Luther zu, wenn er sagt:

Wer angefangen hat, ein Christ zu sein, der muss eingedenk sein, dass er noch kein Christ ist, sondern er versuche erst, ein Christ zu werden, dass er mit Paulus Phil.3,12.15 rühmen kann: Ich bin es nicht, sondern ich versuche es zu sein usw. Und die wir schon vollkomnen sind, lasst uns bei dieser Regel bleiben. Denn ein Christ ist im Werden, nicht im Gewordensein.[5]

Anmerkungen

1 Klaus Wengst, Bedrängte Gemeinde und verherrlichter Christus: ein Versuch über das Johannesevangelium, München 1990, S. 138
2 Christian Dietzfelbinger, Das Evangelium nach Johannes, Zürich 2004 zweite, verbesserte Auflage, Teilbände NT 4.1 Kap. 1–12 und NT 4.2 Kap. 13–21 in einem Band (Zürcher Bibelkommentare), S. 284. Ein Exkurs informiert über die Pharisäer im Johannesevangelium und über das Ausscheiden der johanneischen Gemeinde aus dem „Verband des Judentums", S. 283–286.
3 Jürgen Becker: Das Evangelium nach Johannes, Kapitel 11–21, 2., durchgesehene Auflage 1984. Ökumenischer Taschenbuchkommentar zum Neuen Testament, Bd 4/2 (Gütersloher Taschenbücher Siebenstern; 506), S. 602.
4 Luise Schottroff, Der Glaubende und die feindliche Welt. Beobachtungen zum gnostischen Dualismus und seiner Bedeutung für Paulus und das Johannesevangelium, Neukirchen-Vluyn 1970 (Wissenschaftliche Monographien zum Alten und Neuen Testament. 37. Bd.), S. 254.
5 Lutherlexikon; hrsg. von Kurt Aland – 4., durchgesehene Auflage, Nachdruck, Göttingen 1989, S. 53f.

Maria Magdalena

Unerwartete Wende

Von Maria aus Magdala liest man im achten Kapitel des Lukasevangeliums (Lk 8,1–3) und dann am Schluss der Evangelien bei den erzählten Vorgängen der Kreuzigung, Grablegung und Auferstehung Jesu (Mt 27,55ff.–28; Mk 15,40ff.–16; Lk 23,49ff. –24; Joh 19,25 und 20,1–18). Über sie ist viel nachgedacht und spekuliert worden.

Wenn Gelegenheit wäre, Maria Magdalena persönlich zu sprechen, man würde sie bitten, aus ihrem Leben zu erzählen. Ich wüsste gern, in welchen familiären und gesellschaftlichen Verhältnissen sie in ihrem Heimatort Magdala, jenem Ort am See Genezareth, lebte und wie es eines Tages dazu gekommen war, dass sie Jesus begegnete, dem sie sich dann anschloss.

Ich wüsste aber ebenso gern, was sie so alles in dem Kreis um Jesus erlebte. Gab es im Miteinander der Anhänger und Anhängerinnen Jesu auch Reibungsflächen? Und stand Maria Magdalena eigentlich in einem besonderen Verhältnis zu Jesus? Wie haben Außenstehende auf die Männer und Frauen in seinem Kreis reagiert? Dass Jesus auch Frauen in seinem Kreis zuließ, das war recht ungewöhnlich. Frauen waren damals den Männern ja nicht gleichgestellt.

Überhaupt: Wie waren eigentlich die Aufgaben des täglichen Lebens in dem Kreis verteilt, welche Aufgaben hatte Maria Magdalena oder gab es gar keine besondere Aufgabenverteilung? Von all dem berichten die Evangelien kaum etwas. Lediglich der Evangelist Lukas merkt vor den Schlusserzählungen der Evangelien an:

„Und es begab sich danach, dass er durch Städte und Dörfer zog und predigte und verkündigte das Evangelium vom Reich Gottes; und die Zwölf waren mit ihm, dazu einige Frauen, die er gesund gemacht hatte von bösen Geistern und Krankheiten, nämlich Maria, genannt Magdalena, von der sieben böse Geister ausgefahren waren, und Johanna, die Frau des Chuzas, eines Verwalters des Herodes, und Susanna und viele andere, die ihnen dienten mit ihrer Habe." (Lk 8,1–3; siehe auch Mk 15,40f.; 16,9).

Danach haben die Frauen Jesus und seinen Kreis wohl mit ihren finanziellen Mitteln unterstützt. Was aber war das eigentlich für eine Erkrankung bei Maria Magdalena? Man hat auf eine psychosomatische Erkrankung oder auch auf eine Geisteskrankheit geschlossen, doch wer weiß hier schon Genaueres. Es muss sie jedenfalls furchtbar gequält haben.

Wie mag sie aufgeatmet haben, als sie sich befreit sah – befreit zu einem richtig normalen Leben. Vielleicht, dass sie Jesus, ihren Lebensretter, vor Freude umarmt hat, jedenfalls blieb sie wohl auch aus Dankbarkeit bei ihm, ließ alle früheren Bindungen hinter sich. Eine Wende war für sie mit der Heilung eingetreten, eine Wende, die sie vielleicht schon gar nicht mehr erwartet hatte. Jetzt lebte sie wieder, jetzt konnte sie wieder leben!

Leicht vorstellbar, wie sie es dann tief geschmerzt haben muss, mit ansehen zu müssen, wie der, dem sie ihr neues Leben verdankte, mehr und mehr auf seinen Tod, auf seine Kreuzigung zuging. Sie hat ihm mit anderen Frauen zusammen die Treue gehalten bis in seinen Tod und darüber hinaus.

Man hat freilich gemeint, über Maria Magdalena noch mehr sagen, sie noch näher kennen zu können. Schon früh, beginnend im ersten Jahrhundert, ist sie mit der namenlosen Sünderin aus dem Lukasevangelium (Luk 7,36ff.) und mit Maria von Betanien, der Schwester von Marta und Lazarus (Luk 10,38ff.; Joh 11,1ff. und 12,1ff.), ineins gesetzt worden.

Sie wurde „von einem zweifachen Missgeschick getroffen, man raubte ihr ihren guten Ruf, indem man ihr fremde Sünden auflud, und noch weiter gehend, bestritt man ihr ihre individuelle Wirklichkeit, indem man sie und noch zwei Frauen der biblischen Geschichte zu einer Person verschmolz, der man allerdings dann ihren Namen beilegte."[1]

Solche Ineinssetzung hat dann auf dem Gebiet der Legende und in der bildenden Kunst ein vielfältiges Echo gefunden. So kann man beispielsweise in der Legenda aurea (Goldene Legende) des Jacobus de Voragine (Erzbischof von Genua im dreizehnten Jahrhundert), einem im Mittelalter weit verbreiteten Volks- und Erbauungsbuch, lesen:

„Da nun Magdalena überflüssig reich war, und die Wollust allezeit eine Gesellin ist des Reichtums, sah sie ihre Schönheit und ihren Reichtum an und gab sich gänzlich den leiblichen Wollüsten, also das sie ihren eigenen Namen verlor und allein die Sünderin wurde genannt. Als aber Christus durch das Land predigte, kam sie von Gottes Fügung in das Haus Simon des Aussätzigen; denn sie hörte, dass Christus daselbst sollte essen. Aber sie wagte als eine Sünderin nicht unter den Gerechten zu sitzen, darum ging sie hinter dem Herrn zu, wusch seine Füße mit ihren Tränen, trocknete sie mit ihrem Haar und salbte sie mit köstlicher Salbe. Denn es war Gewohnheit in dem Lande, dass sich die Leute badeten und salbten, wegen der großen Hitze der Sonne. Da dachte Simon der Pharisäer bei sich: Wäre dieser ein Prophet, er ließe sich nicht von der Sünderin anrühren."[2]

Diese Gleichsetzung von Maria Magdalena mit jener anonymen Sünderin aus dem Lukasevangelium und auch mit Maria, der Schwester von Marta und Lazarus, ist jedoch hypothetisch. Sie findet kaum Anhalt in den oben genannten Texten. Man muss Maria Magdalena schon von der namenlosen Sünderin und von Maria, der Schwester der Martha und des Lazarus, unterscheiden.

Liest man nun das, was von ihr – zumeist unter namentlicher Nennung ihrer Person – am Schluss der Evangelien bei Markus, Matthäus und Lukas berichtet wird, kommt einem Maria Magdalena in einer Gruppe von Frauen vor

Augen, die „von ferne“ (Mk 15,40; Mt 27,55f.; Lk 23,49) der Kreuzigung zuschauen.

Dass die Frauen in einem gewissen Abstand zum Kreuz stehen, das war sicher ebenso vorsichtig wie mutig. Der Versuch nämlich, „den Gekreuzigten zu bestatten, ihn zu beweinen wie überhaupt jedes andere Verhalten, das zu erkennen gibt, dass man Anhänger Jesu ist, war ein gefährlicher Akt der Solidarisierung, der möglicherweise dazu führen konnte, ebenfalls gekreuzigt zu werden.“[3]

Unter Gefahr ihres Lebens also halten sich die Frauen in der Nähe der Kreuzigungs- und der Grabstelle Jesu auf und bewahren ihm so die Treue. Am Ostermorgen sind sie dann zum Grab gegangen und haben es leer gefunden. Die Evangelisten erzählen davon in ganz unterschiedlicher Ausführung. Sie haben das, was ihnen an Überlieferungen zur Verfügung stand, nicht Wort für Wort übernommen, sondern es nicht zuletzt auch im Blick auf ihre Gemeinden bearbeitet und mit besonderen Akzenten versehen.

Wer die Ostergeschichten der vier Evangelien liest und miteinander vergleicht, wird unter anderem bemerken, dass bei den ersten drei Evangelisten Maria Magdalena mit anderen Frauen zusammen zum Grab geht, während sie bei dem vierten Evangelisten den Gang zum Grab allein macht (Joh 20,1). Er, der vierte Evangelist, der Maria Magdalena schon im neunzehnten Kapitel einmal erwähnt hatte (Joh 19,25), richtet den Blick einzig und allein auf sie.

Bewegend ist es zu lesen, wie Maria Magdalena weinend am Grab steht und sich von Jesus, ihrem Lebensretter, noch gar nicht trennen kann (Joh 20,11ff.). Manch einer kennt das wohl aus eigener Erfahrung: Wenn man einen Menschen verloren hat, der einem viel, wenn nicht alles bedeutet hat, dann geht man zum Grab, um den eigenen Gefühlen und Gedanken freien Lauf zu lassen, um noch einmal ganz in der Nähe des oder der Verstorbenen zu sein. Genau das will Maria Magdalena: Trauern am Ort des Toten.[4] Sie steht in Tränen aufgelöst am Grab.

Und doch will das Trauern nicht recht gelingen, denn sie meint, irgendwer habe den toten Jesus entfernt und irgendwo anders hingelegt (Joh 20,1f.). Sie sucht den Toten, um ihm nahe sein und trauern zu können. Davon ist sie so „besetzt", dass sie den beiden Engeln, die sie in der Grabkammer sieht, „einen zu Häupten und den anderen zu den Füßen, wo sie den Leichnam Jesu hingelegt hatten" (Joh 20,12), nichts weiter abgewinnen kann. Sie ist so sehr in ihre Suche verstrickt, dass sie auch den vermeintlichen Gärtner nur nach dem Ort des Toten fragen kann (Joh 20,15). Erst als sie sich von ihm mit ihrem Namen persönlich angesprochen sieht, gehen ihr die Augen auf für den, der vor ihr steht, und sie erkennt Jesus wieder.

Dies ist für mich der ansprechendste Erzählzug in der Ostergeschichte aus dem Johannesevangelium, dass Maria Magdalena noch auf der Suche nach dem toten Jesus ist und der Lebendige doch schon in ihrer unmittelbaren Nähe ist.

Meine Augen können für Jesus, für den auferstandenen Jesus, geschlossen sein und doch ist er schon ganz in meiner Nähe. Ich sehe mich hier an eine Zeile aus dem Weihnachtslied „Alle Jahre wieder ..." erinnert, an die Zeile nämlich: „Steht auch mir zur Seite, still und unerkannt."

Nachdem Maria Magdalena Jesus wiedererkannt hat, ihr die Augen durch seine persönliche Anrede aufgegangen sind, fällt dann das so bekannte Wort: „Noli me tangere!" (Rühre mich nicht an!). Maria Magdalena muss begreifen lernen, dass Jesus nicht einfach wieder in diese Welt zurückgekommen ist, sodass es nun wieder so sein könnte wie vorher. Er gehört zu unserer Welt schon nicht mehr dazu, er ist auf dem Weg zum Vater: „Rühre mich nicht an! Denn ich bin noch nicht aufgefahren zum Vater. Geh aber hin zu meinen Brüdern und sage ihnen: Ich fahre auf zu meinem Vater und zu eurem Vater, zu meinem Gott und zu eurem Gott." (Joh 20,17).

In dieser so gekonnt erzählten Ostergeschichte aus dem Johannesevangelium ist Maria Magdalena die Erste, der der auferstandene Jesus begegnet. Sie geht zu den Jüngern und bezeugt ihnen die Auferstehung: „Ich habe den Herrn gesehen, und das hat er zu mir gesagt." (Joh 20,18; siehe auch Mk 16,9f.).

Manch einer wird vielleicht auf der Erzählebene dieser Ostergeschichte gut mitgehen können, aber abgesehen von ihr so seine Fragen zur Auferweckung bzw. Auferstehung Jesu haben. Mir selbst ist so viel deutlich:

Dass Gott Jesus auferweckt hat, geht über all das, was wir sonst erfahren und verstehen können, weit hinaus. Weil es ein Ereignis ist, dass nur und nur von Gott ausgegangen ist, ist es mit keinem Mittel der Forschung zu erklären. Ich kann mich ihm nur vertrauend und glaubend zuwenden.

Ob am Ende Maria Magdalena einem noch mehr zu ihrem sie völlig überraschenden Widerfahrnis hätte sagen können? Vielleicht hätte sie gesagt: „Ich kann es mir bis heute nicht erklären. Im Nachhinein kann ich nur sagen, dass es schön und tröstlich zu wissen ist, immer und zu jeder Zeit jemanden zur Seite zu haben. Gott – er verlässt uns nicht!“

Anmerkungen

1 Artikel zu Maria Magdalena von Carl Burger in: Realenzyklopädie für protestantische Theologie und Kirche, Leipzig 1903, 12. Band, S. 336.

2 Die Legenda aurea des Jacobus de Voragine aus dem Lateinischen übersetzt von Richard Benz; Union Verlag Berlin 1963, S. 510. Die Legenda aurea weiß aus dem Leben der heiligen Maria Magdalena vor und nach Christi Himmelfahrt zu berichten.

3 Luise Schottroff, Maria Magdalena und die Frauen am Grabe Jesu, in: Evangelische Theologie, 42. Jahrgang, München 1982, S. 5ff.

4 Klaus Wengst, Ostern – Ein wirkliches Gleichnis, eine wahre Geschichte, München 1991, S. 72ff. Wengst macht sichtbar, wie der vierte Evangelist an eine bedrängte Gemeinde schreibt, die sich in der weinenden Maria wiedererkennen kann. „Wenn die weinende Maria am Grab Jesu die Gemeinde repräsentiert, wenn die Gemeinde sich in Maria wiedererkennen kann und soll, wenn sie liest und hört, daß Jesus schon da ist, obwohl Maria es noch nicht merkt, dann soll sie merken und erkennen, daß er auch in ihrer Gegenwart da ist.“, S. 76f.

Petrus

Angst, Versagen, Berufung

Das Leben des Petrus in 19 Bildern

1. Bild: Matthäus 4,18–22 und Lukas 5,1–11

Es ist früher Morgen. *Schwenk über den See Genezareth.* Schweigen. Die Ruhe der Seelandschaft. Die aufgehende Sonne bricht sich im leichten Wellenspiel. Je näher das Bild zum Ufer fährt, um so lauter hören wir Stimmengewirr. Menschenmassen. Jesus, ein junger Mann mit offenem Blick und verhaltener Fröhlichkeit. Fischer packen am Ufer ihre Netze zusammen.

Jesus steigt in ein Boot und setzt sich. So hat er gute Übersicht und ist am Ufer überall zu hören. Erwartungsvoll sehen ihn die Menschen an. Petrus fährt etwas vom Land weg. *Die Kamera geht auf Jesus.* Dann auf Petrus. Jesus verkündigt das Wort Gottes. Wir hören ihn den Psalm 118 zitieren und etwas dazu sagen. Alle sind sehr aufmerksam.

Als Jesus fertig ist, sagt er zu Petrus: „Fahre hinaus, dorthin, wo es tief ist, und werft eure Netze zum Fang aus." Petrus: „Meister, wir haben die ganze Nacht gearbeitet und nichts gefangen; aber auf dein Wort wollen wir die Netze auswerfen!" Sie merken es nach kurzer Zeit. Die Netze sind voll. Sie rufen die anderen Fischer heran. Sie füllen zwei Boote mit Fischen.

Das ist prächtig ins Bild zu setzen. Die zappelnden Fische. Das Erstaunen der Fischer und die Menschen am Ufer, die es erst nicht glauben wollen. Die Reaktion des Petrus. Er sinkt in die Knie. Wir hören ihn stottern: „Herr, geh weg von mir! Ich bin ein sündiger Mensch!“ Der Schrecken muss in seinem Gesicht zu sehen sein. Auch auf den Gesichtern der anderen Jünger ist blankes Entsetzen. Nur ein kleiner Junge lacht und freut sich.

Die Stimme Jesu. Sein ruhiges, Vertrauen weckendes Gesicht: „Fürchte dich nicht! Von nun an wirst du Menschen fangen!“ Die Fischer bringen die Boote an Land und gehen mit ihm mit. Zuerst Petrus. Er winkt den anderen zu. Nach und nach machen sie sich auf. Sie haben eine neue Erfahrung gemacht. Es gibt mehr als die Sorge um das leibliche Essen. Geistliche Nahrung? Die Menge des Volkes aber rennt zu den Booten und verteilt eifrig die Fische.

2. Bild: Matthäus 8,14–17

Man sieht Jesus mit seinen Jüngern in einen Ort kommen. Petrus geht mit ihnen in ein Haus. Zögernd treten alle ein. Hier wohnt seine Schwiegermutter. *Schwenk durch den Raum.* Wir sehen sie auf einem flachen Bett liegen. Sie ist krank und sieht fiebrig aus. Erwartungsvoll sieht sie auf den fremden Menschen, von dem etwas ausgeht, eine ganz besondere Weise, die sie vertrauen lässt.

Die Ausstattung des Raumes ist sehr bescheiden. Eine Nische ist der Arbeitsraum. Eine Seite dient für die Vorbereitung des Essens. An der Wand hängen einige Krüge. Ein flacher Tisch. Trinkgefäße darauf. Etwas abseits, aber noch in diesem einzigen Raum, einige Ziegen und Schafe. Hühner gackern friedlich.

Jesus ergreift die Hand der Kranken. Das Fieber verlässt sie. Sie steht auf und gibt ihnen zu essen und zu trinken. Petrus freut sich. Er geht aufgeregt im Zimmer auf und ab. Es entsteht langsam eine ausgelassene Stimmung. Hier ist Gelegenheit, in die Gesichter der anderen Jünger zu schauen. Sie sind vom harten Fischerleben gezeichnet.

3. Bild: Matthäus 8,23–27

Jesus ist mit seinen Jüngern wieder am See Genezareth. Die Jünger rudern. Jesus schläft ruhig vorn im Boot. Plötzlich macht sich ein Sturm auf. *Das ist gut ins Bild und in den Ton zu setzen.* Heulen, Zischen und Jaulen. Wellen, die über das Boot schlagen. Erschrockene Gesichter. Gesteigerte Unruhe. Die Anweisungen widersprechen sich. Alle reden durcheinander. Petrus versucht zu bestimmen, was zu machen ist. Das gelingt nicht. Alle werden immer ängstlicher und aufgeregter. *Die Steigerung der Gefühle sollte gut in Szene gesetzt werden.*

Da wenden sie sich an Jesus. Ich denke mir, er hat schon vorher die Szene aus den Augenwinkeln beobachtet: „Herr, hilf uns, wir kommen um!" Jesus steht auf. Er gebietet dem Sturm. *Warum sollte das nicht majestätisch aussehen?* Der See Genezareth beruhigt sich. Das Erstaunen der Jünger sollte gut sichtbar sein. „Was ist das für ein Mann, dass ihm Meer und Wind gehorsam sind?" Einer flüstert das dem anderen zu. *Der letzte Blick sollte auf Petrus gehen.* Er hält sich die Hand vor das Gesicht. Er erinnert sich an seine erste Begegnung mit Jesus.

4. Bild: Markus 8,29

Wir sehen Jesus mit seinen Jüngern durch Wäldchen, Felder und Dörfer ziehen. Sie bummeln nicht. Sie gehen zielgerichtet, aber gelassen. In den Dörfern spielen Kinder am Wegrand. Sie lachen und winken den Fremden zu. Die Erwachsenen schauen von ihrer Arbeit auf. Ein Viehstall ist zu sehen. Einer füttert die Tiere. Ein anderer treibt seine Schafe aus dem Dorf auf die kargen Weiden. Wir sehen und hören eine Schmiede. Ein Zimmermann baut mit Helfern an einem Haus. Frauen stehen auf den flachen Dächern der Häuser, neugierig, etwas verschämt. Es gehört sich nicht für eine Frau, einem Fremden hinterher zu schauen.

Jesus bleibt stehen: „Sagt, was sagen die Leute, wer ich bin?" Die Jünger antworten durcheinander. Sie machen sich über sich selber lustig, weil sie nicht so richtig wissen, was sie antworten sollen. „Du bist Johannes der Täufer!" „Du bist Elia!" „Du bist einer von den Propheten!"

„Und ihr, was sagt ihr, wer ich bin?" fragt sie Jesus. Da hören wir Petrus sprechen: „Du bist der Christus!" Das bleibt so im Raum stehen. Wir sehen die Jünger weitergehen und hören dazu dieses „Du bist der Christus, du bist der Christus …", langsam schwächer werdend.

5. Bild: Markus 13,1–32

Jesus ist mit seinen Jüngern auf dem Ölberg. Gegenüber liegt die Stadt Jerusalem. Wir sehen den Tempel. Die Stadt. *Wir können auch mit dem Getümmel in der Stadt beginnen.* Wir sehen die vielen Gewürzhändler. Die Kupferschmiede. Die Obstverkäufer. Schaffelle liegen aus. Ein buntes Bild des Handels ist zu zeigen. Wir sehen Besucher aus aller Herren Länder. Orientalen, Afrikaner, Araber, Juden, Griechen, Asiaten, römische Soldaten und Hauptleute. Dazwischen Kinder, verwahrloste und von den Eltern behütete. Wir sehen Behinderte.

Nun also ist Jesus auf dem Ölberg. Sie waren vorher auf dem Tempelberg gewesen. Sie hatten die großen alten Steine des Tempels bewundert. Jesus hatte gesagt, nicht ein Stein werde auf dem anderen bleiben, der nicht zerbrochen werde.

Als Petrus und Jakobus, Johannes und Andreas mit Jesus allein waren, fragten sie ihn: „Sage uns, wann wird dies alles geschehen und was wird das Zeichen sein, wann das alles vollendet werden soll?" Sie flüstern fast. Sie wollen es wissen. Keiner aber soll von ihrer Neugier erfahren. Petrus ist auch hier der Wortführer.

Wir hören nur Fetzen von der Antwort Jesu: „Lasst euch nicht verführen!" „Viele werden es versuchen!" „Krieg und Kriegsgeschrei wird sein!" „Ein Volk wird sich gegen das andere erheben!" „Erdbeben, Hungersnöte – Damit geht es los!" „Sie werden euch den Gerichten überantworten." „Sorgt euch nicht um das, was ihr reden werdet!" „Der heilige Geist wird durch euch sprechen." „Einer wird den anderen in den Tod schicken." „Ihr werdet gehasst sein!" „Wer aber beharrt bis ans Ende, der wird selig." Dann schweigen sie miteinander. Bevor sie aufstehen und weiterziehen, sagt Jesus: „Himmel und Erde werden vergehen, aber meine Worte vergehen nicht."

6. Bild: Matthäus 14,28

Jetzt ist Jesus wieder mit seinen Jüngern am See Genezareth. Er bittet die Jünger auf die andere Seite des Sees zu fahren. Sie gehorchen. Sie fahren weg. *Wir sehen mit Jesus, wie das Boot immer kleiner wird.* Jesus aber steigt auf einen Hügel. Er will beten. Gegen Morgen sieht er, wie das winzige Boot gegen die Wellen ankämpft. So steigt er vom Berg und geht zu ihnen über das Wasser. Als die Jünger ihn sehen, halten sie ihn für ein Gespenst. Sie schreien laut vor Furcht. Er aber sagt: „Seid getrost! Ich bin es. Fürchtet euch nicht."

Macht, Eindeutigkeit und Milde sind in Ton und Bild umzusetzen. Man könnte seine Worte mit einer starken Melodie untermalen. Vielleicht mit „Jesus bleibet meine Freude" von J. S. Bach.

Petrus aber will über das Wasser zu Jesus. „Befiehl es mir!", sagt er. So geschieht es. Das Wasser trägt Petrus, solange er auf Jesus schaut. Als er aber Wind und Wellen sieht und wahrnimmt, erschrickt er, verliert das Vertrauen und sinkt. *Sein „Herr, hilf mir!" muss sehr jämmerlich klingen. Jesu Antwort nach der Rettung – „Du Kleingläubiger, warum hast du gezweifelt?" –dagegen tröstlich, verständnisvoll, annehmend, warmherzig.* Und schließlich voller Kraft das letzte Wort des Petrus: „Du bist wahrhaftig Gottes Sohn!" *Ich würde vorschlagen, es langsam zu sprechen und wiederholen zu lassen.*

7. Bild: Matthäus 16,16

Wieder die erzählende Stimme, die wir von Anfang an kennen, zurückhaltend: Noch einmal fragt Jesus seine Jünger, für wen die Leute ihn halten. Und Petrus antwortet: „Du bist Christus, des lebendigen Gottes Sohn!"

Jesus sagt zu Petrus: „Dieser Satz kommt von Gott. Du, Petrus, bist ein Fels. Dein Name sagt es. Auf dir will ich meine Gemeinde bauen. Ich will dir die Schlüssel des Himmelreiches geben. Was du bindest, soll auch im Himmel gebunden sein. Was du löst, soll auch im Himmel gelöst sein."

Diese ganze Szene hat etwas Geheimnisvolles. *Es muss Wert auf Tonlage, Klang, Stimmhöhe und Lautstärke gelegt werden.*

8. Bild: Matthäus 19,27–30

Wieder eine Lehrsituation. Sie sitzen irgendwo in der Landschaft auf einem Hügel. Jesus hat zuvor die Kinder gesegnet und über die Gefahr des Reichtums gesprochen.

Nun spricht ihn Petrus auf ein ganz besonderes Thema an. Wir kennen das Thema auch. Es heißt: Was habe ich davon? – Wir haben alles aufgegeben und sind mit dir mitgegangen. Was bekommen wir dafür?

Jesus sagt etwas volltönend: „Ihr werdet eines Tages bei der Wiedergeburt neben mir sitzen und Gericht sprechen. Wer Häuser, Bruder, Schwester, Vater oder Mutter um meinetwillen verlässt, der wird hundertfach empfangen und das ewige Leben erben."

Petrus ist auch hier wieder der Wortführer. Die Jünger sind nicht gefestigt. Sie werden es auch bis zum Ende nicht sein. Dieses spannende und neugierige Suchen! So ganz sind sie noch nicht bei der Sache. Was Jesus wirklich will, ist ihnen noch verschlossen. Sie ahnen etwas. Aber sie wissen nichts.

9. Bild: Matthäus 21,12–22

Jesus ist mit seinen Jüngern in Jerusalem eingezogen. Wir haben dieses Hosianna noch im Ohr. *Vielleicht kann es melodisch noch nachklingen.* Jesus geht in den Tempel. Wo sollte einer wie er sonst in Jerusalem hingehen? *Der nächste Tag.* Sie haben sicher nicht im Tempel übernachtet. Vom Hosianna

allein kann keiner leben. Jesus sieht einen Feigenbaum von fern. Er geht hin, „ob er etwas darauf fände". Er fand aber nichts als Blätter. Es war keine Zeit für Feigen. Wir können Jesus hier als Menschen zeigen. Er hat Hunger und Durst wie wir. *Verfluchung des Feigenbaums.*

Sie gehen wieder in den Tempel. Ob er aus Wut darüber, dass er nichts Essbares gefunden hat, anfängt, den Tempel von Verkäufern und Käufern zu „reinigen", wie es immer so schön heißt? Geldwechsler und Taubenhändler vertreibt er. „Mein Haus soll ein Bethaus sein. Ihr habt eine Räuberhöhle daraus gemacht."

Abends gehen sie hinaus vor die Stadt. Das ist sicherer. Die Pharisäer und Schriftgelehrten überlegen schon, wie sie ihn umbringen können.

Als Jesus mit seinen Jüngern am Morgen an dem Feigenbaum vorbeigeht, ist er verdorrt. Alle sind sehr überrascht. Petrus hat sie zuerst darauf aufmerksam gemacht. Jesus: „Alles, was ihr bittet in eurem Gebet, wird euch geschehen!" Die Kritiker fragen Jesus, aus welcher Vollmacht er das alles tut. Aber er weigert sich, es ihnen zu sagen.

Diese Szene ist wichtig für das Verständnis der Jünger. *Aber sie ist schwer ins Bild zu setzen.* Vielleicht kann man es bei der Erzählung belassen und die Bilder sprechen lassen. *Einzug in Jerusalem. Erster Gang in den Tempel. Vertreibung der Händler. Ein neuer Tag. Sie gehen an dem verdorren Feigenbaum vorbei. Jesus redet über das Beten. Wir lassen die Gesichter sprechen.*

10. Bild: Matthäus 18,21–35

Noch so eine Szene, die auf Jüngerfragen antworten will. Petrus zu Jesus: „Wie oft muss ich meinem Bruder, der an mir gesündigt hat, vergeben? Genügen siebenmal?" Jesus: „Nicht siebenmal, sondern siebzigmal siebenmal!" Danach erzählt Jesus eine Geschichte von einem Untertanen, dem von seinem Herrn seine ganze Schuld vergeben worden ist und der, statt dafür dankbar zu sein, einem, der ihm etwas schuldig ist, keine Barmherzigkeit zeigt. Da macht sein

Herr die Vergebung rückgängig. Er muss nun alles bezahlen. So geschieht es allen, die anderen nicht vergeben, obwohl ihnen von Gott vergeben worden ist.

Ein hartes Wort. Klar. Eindeutig. Die Jünger sollen sich das merken. Es geht ihnen gewissermaßen ans „Eingemachte". Hier gibt es kein Verstecken. Ihre Betroffenheit ist ihnen anzusehen. Sie stehen bedrückt herum oder flüstern miteinander. So haben sie sich das nicht gedacht. Sicher hat es auch im Jüngerkreis Unruhe gegeben. Jeder wollte Jesus besonders nahe sein. Petrus genießt eine Sonderrolle. Die anderen neiden ihm das. Diese Unruhe im Jüngerkreis lässt sich gut zeigen. Abwehr. Wegsehen. Beredtes Schweigen. Es ist klar, das ist ein Thema für sie. Immer, wo Menschen zusammen sind, ist das ein Thema. Warum? Weil wir Menschen sind. Weil wir immer für uns etwas herausschlagen wollen. Weil wir so sind, wie wir sind. Lassen wir diese Gedanken zumindest vortragen.

11. Bild: Matthäus 17,24

Sie sind inzwischen nach Kapernaum gekommen. Sie gehen in den Tempel, ohne die Tempelsteuer zu entrichten. Sie bekommen zu hören: „Pflegt euer Meister nicht den Tempelgroschen zu geben?" Jesus fragt den Petrus am Abend: „Was meinst du, Petrus, von wem nehmen die Könige auf Erden Zoll oder Steuern: von ihren Kindern oder von den Fremden?"

Petrus antwortete: „Von den Fremden". Jesus: „So sind die Kinder frei". „Wir wollen ihnen aber keinen Anstoß geben. Geh und fange einen Fisch. Wenn du ihm das Maul aufmachst, wirst du ein Zweigroschenstück finden. Das nimm und gib es ihnen für mich und dich."

Eine herrliche Szene. Der märchenhafte Zug mit dem Zweigroschenstück im Fischmaul. Die Überraschung des Petrus, als er es wirklich findet. *Die Dialoge können noch etwas ausgefeilt werden.* Die anderen Jünger sind zu beteiligen. Alle haben eine Meinung dazu. Bei Geld hört die Freundschaft auf. Allerdings haben sie ja auch nichts.

12. Bild: Matthäus 17,1–9

Jesus geht mit seinen Jüngern auf einen sehr hohen Berg. Er nimmt nur Petrus, Jakobus und Johannes mit. Er verklärt sich vor ihnen. Sein Angesicht leuchtet wie die Sonne. Seine Kleider werden weiß wie Schnee. *Das ist doch ein Bild!*

Nun erscheinen sogar noch Mose und Elia. Sie reden mit Jesus. Ein Hochgefühl für die drei Jünger. Kann es das geben: Alle ihre Hoffnungen auf einem Berg, in einem Augenblick.

Petrus natürlich hat eine Idee. Hier wollen sie drei Hütten bauen. Eine für Mose. Eine für Elia. Eine für Jesus. Eine lichte Wolke überzieht sie. Die Stimme Gottes: „Dies ist mein lieber Sohn, an dem ich Wohlgefallen habe! Den sollt ihr hören!" Wie bei der Taufe Jesu. Die Jünger fallen auf ihr Angesicht. Sie sind erschrocken. Sie haben Angst. Jesus rührt sie an: „Steht auf und fürchtet euch nicht!" Sie sehen auf und sehen nur noch Jesus.

Das wäre es gewesen auf unseren Bergen, bei unseren Höhenerlebnissen: dort zu bleiben und Hütten zu bauen. Aber wir müssen wieder herunter in die Ebene. Zu den Problemen. In den Dreck dieser Welt. In die Spannungen, Zerrissenheiten, Gefahren. Oben ist es sehr schön. Aber unten ist das Leben. Darum hat Gott uns mit Jesus sein Gesicht gezeigt. Seine unendliche Zuwendung und Liebe.

Diese Szene lebt von oben und unten. Das muss ins Bild. Sonst brauchen wir sie nicht zu erzählen. Das geht sicher mit einem einfachen Hell-und-Dunkel-Schema. Es braucht aber auch überraschende Effekte. Was geschieht innen bei den Jüngern? Die Szene lebt auch vom „Innen und Außen".

13. Bild: Matthäus 16,22–25

Eine ganz kurze Szene, die wir hier einfügen. Jesus erzählt seinen Jüngern immer wieder, dass er nach Jerusalem gehen wird und viel leiden muss, getötet wird und am dritten Tag wieder aufersteht. Petrus nimmt ihn beiseite und „bekniet" ihn: „Gott bewahre dich, Herr! Das widerfahre dir nur nicht!" Jesus aber fährt ihn an und sagt: „Geh weg von mir, Satan! Du bist mir ein Ärgernis. Du durchschaust die ganze Sache nicht!"

Was mag der Petrus da für ein Gesicht gemacht haben! Alles will er für Jesus tun und der lässt ihn so abfahren. *Ganz konzentriert muss diese Szene gespielt werden.* Hier prallen zwei Welten aufeinander. Es tut einem richtig weh. Es muss einem richtig weh tun.

Danach folgt dann das große Wort von der Nachfolge: „Will mir jemand nachfolgen, der verleugne sich selbst und nehme sein Kreuz auf sich und folge mir. Denn wer sein Leben erhalten will, der wird es verlieren; wer aber sein Leben verliert um meinetwillen, der wird es finden."

Das sollte zielsicher, sauber und sehr eindeutig gesprochen werden. Es muss einem richtig kalt den Rücken runterlaufen beim Zuhören. Denn wer ist schon so in seiner Nachfolge?

14. Bild: Johannes 13,1–20.34 und Matthäus 26,17–30

Wir wollen nun die Fußwaschung bedenken. Wir waschen uns gern gegenseitig den Kopf. Die Fußwaschung ist eine wunderbare Szene. Jesus steht auf. Er legt sein Obergewand ab. Er nimmt eine Schürze. Er bindet sie sich um. Er gießt Wasser in ein Becken. Er fängt an, den Jüngern die Füße zu waschen. Das empört den Petrus.

Als er bei ihm ankommt, sagt er: „Herr, solltest du mir die Füße waschen?" Jesus: „Wenn ich dich nicht wasche, hast du keinen Anteil an mir." Petrus: „Dann wasche mir nicht nur die Füße, sondern auch den Kopf und die Hände!" Jesus: „Die Füße genügen."

Später sagt er dann: „Wisst ihr, was ich euch getan habe? Ein Beispiel habe ich euch gegeben, damit ihr tut, was ich euch getan habe!" Noch später: „Ein neues Gebot habe ich euch gegeben, dass ihr euch untereinander liebt, wie ich euch geliebt habe, damit auch ihr einander lieb habt!"

Hier sind wir nun mitten im Evangelium. Der streitbare Petrus, der sich diesen Dienst nicht gefallen lassen will. Er muss immer alles selbst im Griff haben. Er ist aktiv. Er hat alles in der Hand. Allein Jesus ist aber hier aktiv. Er ist der Herr auch im Dienen. Sein ganzes Leben ist Dienen gewesen. Ob Petrus das noch nicht begriffen hat? Hat begreifen wollen?

15. Bild: Matthäus 26,31–39

Sie waren nach dem Abendmahl auf den Ölberg gegangen. Plötzlich sagt Jesus ganz unvermittelt: „In dieser Nacht werdet ihr alle an mir Ärgernis nehmen." Petrus laut, fast überlaut: „Das mag für die anderen stimmen. Ich aber werde niemals an dir Ärgernis nehmen!"

Das Selbstbewusstsein des Petrus sollte hier überbetont dargestellt werden. Er ist sich seiner Rolle sehr bewusst.

Jesus sagt: „Ehe der Hahn kräht, wirst du mich dreimal verleugnen." Petrus, *wieder überbetont*: „Und wenn ich mit dir sterben müsste, ich will dich nicht verleugnen!" Die anderen Jünger sagten das übrigens auch. Das könnte ganz aufgeregt und lebendig ins Bild gesetzt werden. Dabei könnte man dieses „sterben müsste" noch nachklingen lassen. *Schneller Wechsel der Bilder, der Gesichter. Die Mimik muss stimmen.* Jesus aber weiß, wie es um uns Menschen und um unsere Versprechungen steht. Petrus hat sich total verrannt. Wir wissen ja, wie es weitergeht.

Jesus nimmt ihn und die beiden Söhne des Zebedäus mit und betet: „Meine Seele ist betrübt bis in den Tod. Bleibt hier und wacht mit mir!" Petrus und die beiden Söhne des Zebedäus sind traurig. Sie sind richtig zerstört. Das war alles zu viel, was da auf sie eingedrungen ist. Sie hatten sich das Leben mit Jesus wohl anders vorgestellt. Die Ratlosigkeit sehen wir ihnen an.

16. Bild: Matthäus 26,40–75

Diese ergreifende Gebetsszene. Ob je einer von uns so gebetet hat? Jesus kommt zu den drei Jüngern und findet sie schlafend. Er sagt zu Petrus: „Könnt ihr denn nicht eine

Stunde mit mir wachen? Wachet und betet, dass ihr nicht in Anfechtung fallt! Der Geist ist willig, aber das Fleisch ist schwach."

Das geht so hin und her. Die große Einsamkeit, die bittere tiefe Verzweiflung Jesu! Die Gleichgültigkeit der Jünger. „Steht auf und lasst uns gehen! Siehe, er ist da, der mich verrät!" Judas küsst Jesus. Es ist ein Erkennungszeichen. So wird Jesus gefangen genommen. Petrus (namentlich nur im Johannesevangelium!) zieht sein Schwert. Er schlägt zu.

Jesus: „Stecke dein Schwert an seinen Ort. Wer das Schwert nimmt, wird durch das Schwert umkommen." Alle Jünger, auch Petrus fliehen von diesem Ort. *Dazu brauchen wir ganz dichte Bilder. Es folgt eins auf das andere. Das Klappern der Waffen ist zu hören. Wir sollten aber auch hier in die Gesichter sehen.*

Die römischen Soldaten sind Schablonen. Sie haben keine Gesichter. Sie machen nur ihren Job. Das machen Soldaten überall auf der Welt. Sie sind für nichts verantwortlich.

Jesus kommt vor den Hohen Rat. Der Hohepriester Kaiphas hat das Sagen. Die Schriftgelehrten und Ältesten sind versammelt. Lange schon haben sie auf diesen Tag gewartet. Uns interessiert hier besonders die Gestalt des Petrus. Er folgt, wie es heißt, von ferne bis zum Palast des Hohenpriesters. Wir sehen ihn neugierig, aber versteckt, der Verhandlung folgen. Wir hören die eindringliche Frage des Kaiphas: „Bist du der Christus? Bist du Gottes Sohn?" Wir sehen, wie Petrus gespannt auf die Antwort Jesu wartet. Auf dieses: „Du sagst es!"

Wir erleben aber auch, wie Petrus von einer Magd angesprochen wird: „Und du warst auch mit dem Jesus aus Galiläa!" Wir hören, wie er es leugnet und sich wegdrückt. Da sieht ihn eine andere und sagt: „Dieser war auch mit dem Jesus von Nazareth!" Er leugnet es wieder und sagt noch dazu: „Ich kenne diesen Menschen nicht!"

Dann sind es noch andere, die zu ihm sagen: „Wahrhaftig, du bist einer von denen. Deine Sprache verrät dich!" Da fängt er an, sich zu verfluchen und zu schwören. „Ich kenne den Menschen nicht!" Es ist die nackte Angst, es könne ihm wie Jesus gehen. Er ist ein ausgemachter Feigling und Lügner.

„Und alsbald krähte der Hahn" – und Petrus denkt an die Worte Jesu. Er geht hinaus in die Nacht und weint bitterlich. Das alles ist so ergreifend, menschlich, uns persönlich berührend. *Das kann nicht so dahin gespielt und gesagt werden.* Da stehen wir Menschen mit Petrus nackt und eindeutig gezeichnet. So sind wir. Wir haben keinen Anspruch auf Vergebung.

17. Bild: Markus 16,7

In dieser Szene wird Petrus nur nebenbei erwähnt. Die eigentlichen Zeugen der Auferstehung sind die Frauen, die am Ostermorgen zum Grab gehen wollen, um Jesus zu salben. Der Engel aber sagt ihnen: „Entsetzt euch nicht! Ihr sucht Jesus von Nazareth, den Gekreuzigten. Er ist auferstanden. Er ist nicht hier. Siehe da die Stätte, wo sie ihn hinlegten."

Dazu beauftragt er die Frauen, den Jüngern und Petrus zu sagen, dass sie Jesus in Galiläa wiedersehen werden.

Vielleicht genügt das auch als Bild. Die Verheißung einer Begegnung. Wenn sie Jesus treffen werden, kann er nicht tot sein. Ein Trost? Zumindest der Hinweis auf eine große Möglichkeit. Die Gräber unseres Lebens sind nach oben offen. „Herr, fülle uns frühe mit deiner Gnade."

Wir aber zweifeln unter den Hügeln, ob wir alles richtig gemacht haben. *Als Musik erwarte ich hier ein Halleluja nach dem anderen. Diese Hallelujas müssen sich übertreffen und überklingen. Sie müssen donnern und dröhnen und auch den Ohren schmeicheln.* Die schlimmste Verleugnung der Auferstehung ist ein Pfarrer, der mit trauriger Miene ein noch traurigeres Halleluja anstimmt. Ich habe das erlebt. Es hat mich fast vom Platz gerissen.

Es ist in der Auferstehungsgeschichte „von Furcht und großer Freude" (Mt 28,8) die Rede. Dem ersten Teil wurde der Kollege zumindest gerecht. Aber auch nur diesem.

18. Bild: Johannes 21,1–14

Die Jünger sind zusammen am See Tiberias versammelt. Petrus sagt: „Ich will fischen gehen." Die anderen wollen mit ihm hinausfahren. Was sollen sie auch machen! Das hatten sie gelernt. Davon haben sie sich und ihre Familien ernährt. Jesus ist tot. Ihre Träume sind ausgeträumt. Es ist alles vorbei. Sie gehen zur Tagesordnung über. Aber sie fangen in dieser Nacht nichts.

Als sie ans Ufer kommen, steht Jesus dort. Aber sie wissen nicht, dass es Jesus ist. Er beauftragt sie, noch einmal rauszufahren und das Netz rechts auszuwerfen. Sie fangen jede Menge Fische.

Als dann der Lieblingsjünger erkennt: „Es ist der Herr!", springt Petrus ins Wasser, um zu ihm zu kommen. Sie halten zusammen das Mahl. Jesus teilt Brot und Fisch.

Auch das ist eine ergreifende Szene. Ein Neubeginn dort, wo alles angefangen hatte. Wir schauen in die Gesichter der Jünger. Ihre Trauer verwandelt sich wieder in Freude. Es ist fast wie damals, als sie zusammen angefangen haben. Aber es steht noch etwas zwischen ihnen. Das beschreibt die letzte Szene.

19. Bild: Johannes 21,15–19

Nach der Mahlzeit sagt Jesus zu Petrus: „Petrus hast du mich lieber, als mich diese haben?" Petrus antwortet: „Ja, Herr, du weißt, dass ich dich lieb habe!" Da sagt Jesus zu ihm: „Weide meine Lämmer!"

Zum zweiten Mal sagt Jesus zu Petrus: „Petrus, hast du mich lieb?" Er: „Ja, Herr, du weißt, dass ich dich lieb habe!" Jesus: „Weide meine Schafe!"

Zum dritten Mal sagt Jesus zu Petrus: „Petrus, hast du mich lieb?" Petrus wird traurig, sagt aber: „Herr, du weißt alle Dinge. Du weißt, dass ich dich lieb habe!" Jesus: „Weide meine Schafe!" Dreimal verleugnet. Dreimal vergeben. Der Auftrag steht. Petrus darf neu anfangen.

Das ist Vergebung. Davon leben wir. Dieser Petrus, der so wenig treu sein konnte. Der immer an erster Stelle stehen musste. Er darf neu beginnen. Jesus hat noch viel mit ihm vor:

- Petrus wird erwähnt bei der Neuwahl des zwölften Apostels (Apostelgeschichte 1,15).
- Petrus hält eine ausführliche Predigt zu Pfingsten (Apostelgeschichte 2,14).
- Petrus heilt einen Gelähmten (Apostelgeschichte 3,1ff.).
- Petrus tut Wunder. Selbst sein Schatten hat heilende Kraft (Apostelgeschichte 5,15).
- Petrus lernt, dass er nicht nur zu Israel gesandt ist (Apostelgeschichte 10).
- Petrus ist in Jerusalem beim Apostelkonzil und einigt sich mit Paulus, die Gemeinden aus den Heidenvölkern anzuerkennen, weil die Beschneidung nicht Voraussetzung für das Christsein sein kann. (Apostelgeschichte 15).
- Petrus stirbt in Rom den Märtyrertod genau wie Paulus.

Philippus

Das Wunder der Begegnung

Begegnungen, was, wo, wie? Da kommt schnell ein Gespräch in Gang. Tagtäglich begegnen wir anderen Menschen, bekannten und unbekannten. Ob Sie sich in der Bahn in ein leeres Abteil setzen? Oder in der Gaststätte an einen freien Tisch? Ich kannte einen, der setzte sich immer zu anderen Menschen. Er brauchte das Gespräch. Das war mein Vater. Als die Mutter gestorben war, hatte er niemanden mehr, der ihm zuhörte und er starb bald danach. Sie haben ähnliche Erfahrungen gemacht?

Ohne Gespräch, ohne Ansprache, ohne Begegnung, ohne das tägliche gute Wort, das wir nötiger brauchen als das tägliche Brot, verkümmern wir. Senden und Empfangen. Wir leben davon. Der Philosoph Emmanuel Levinas (in „Totalität und Unendlichkeit", Karl Alber, Freiburg, München, 1987), sieht das alles im Antlitz eines Menschen.

Der Sinn einer Sache beruht in ihrer Beziehung zu etwas anderem. Hier hingegen ist das Antlitz für sich allein Sinn. Du, das bist du. In diesem Sinne kann man sagen, dass das Antlitz nicht „gesehen" wird. Es ist das, was nicht ein Inhalt werden kann, den unser Denken umfassen könnte; es ist das Unenthaltbare, es führt uns darüber hinaus. Gerade dadurch lässt die Bedeutung des Antlitzes es als Korrelativ eines Wissens aus dem Sein heraustreten … Die Beziehung zum Antlitz ist von vornherein ethischer Art. Das Antlitz ist das, was man nicht töten kann oder dessen Sinn zumindest darin besteht, zu sagen: „Du darfst nicht töten!“ (In der Heiligen Schrift erscheint dieser Gedanke als die Menschlichkeit des Menschen!)

Was geschieht mit uns, wenn wir anderen begegnen? Es gibt Geschichten genug. Das Leben, unser Leben ist reich. Wodurch unsere Begegnungen Tiefe erreichen? Im Krankenhaus lag ich mit einem mir völlig unbekannten Menschen auf dem Zimmer. Er hieß Bernhard und war ein alter Schlesier. Was der für Geschichten erzählt hat. Sie müssen sich vorstellen, in der DDR war der Posten eines Sprengmeisters, den er einnahm, ein hohes Politikum. Wie sie sich gegenseitig betrogen haben. Tage könnte ich davon erzählen. Wir haben viel zusammen gelacht.

Das bringt mich auf das Thema „Freude“. „Er zog seine Straße fröhlich“, heißt es am Schluss der Geschichte, in der Philippus eine besondere Rolle spielt. Wir kommen gleich darauf.

Die Fröhlichkeiten unseres Lebens, zum Beispiel zu Weihnachten und zu Silvester, zu Geburtstagen und Grillfeten, kommen weniger von innen. Wir setzen dagegen das Gleichnis von den verlorenen Söhnen aus dem Lukasevangelium. Sie wissen, wie es dem einen Sohn ergangen ist, der sein Hab und Gut verprasst hat und der doch wieder von seinem Vater in die Arme genommen wird, wieder die Zeichen seiner Sohnschaft – Schuhe, Ring und Rock – bekommt. Freude ist hier Freude über empfangene Vergebung. Du bist geliebt und angenommen. Du darfst neu anfangen.

Aber nun zu der Geschichte, die in besonderer Weise von Philippus erzählt. Sie steht in der Apostelgeschichte des Lukas (Apg 8,26–40).

Wir stellen *Philippus* vor: Er gehörte zu den Christen, die nach dem Tod des Stephanus, (berichtet in der Apostelgeschichte 7,54–60), in Jerusalem verfolgt und aus der Stadt vertrieben wurden. Er versuchte, möglichst viele Menschen zum Glauben zu bringen, und hatte durchaus Erfolge. Wir wissen nicht genau, ob Philippus der Apostel aus Apg 1,13 oder der Diakon aus Apg 6,5 ist. Letzteres könnte man aus Apg 8,40 schließen. Das gehobene Griechisch im Urtext legt das nahe. Er lebte später in Cäsarea und gründete dort eine

Gemeinde. Als Paulus nach Rom reiste, fand er in seinem Haus freundliche Aufnahme.

Wir stellen *den Äthiopier* vor. Das war ein Mann aus Nubien, dem heutigen Sudan. In der Zeit regierten häufig die Königsmütter ihr Land. Die von Äthiopien führte den Titel Kandake. Ihr Finanzminister war ein Eunuch. Das war auch ein Titel für einen hohen Beamten am Königshof. Er machte sich auf die weite Reise nach Jerusalem. Religiöse Gründe hatten ihn dazu angeregt. Seine Sprache und die Tatsache,

dass er sich eine Schriftrolle gekauft hatte, zeigen ihn als gebildeten Menschen.

Der *Evangelist Lukas* erzählt die Geschichte mit einer klaren theologischen Ausrichtung. Gott will, dass sich Philippus und der Finanzminister der Königin Kandake treffen. Durch einen Engel wird Philippus aus seiner Missionstätigkeit in Samarien herausgerissen und „in die Wüste geschickt".

Die Wüste ist der Ort der Gottesbegegnung damals wie heute. Der äthiopische Finanzminister sucht Gott. Er möchte gern glauben. Sonst wäre er ja auch nicht nach Jerusalem gereist.

Die Wüste ist in der Bibel immer der Ort des Neubeginns. Zum Beispiel lesen wir davon: 5 Mose 32,10; Jesaja 40,3 oder Lukas 4,1. Noch einmal, was ist das, die Wüste? Stille, Schweigen, Einkehr, ein Zurückziehen auf die Grundelemente, auf Wasser und Brot, den Himmel und die Sterne und auf das Wort. Ja, Sie lesen richtig, auf „das Wort". Und zwar auf das Wort hinter den Wörtern. Vielleicht ist das ein ewiges Suchen. Jedes Gespräch lebt von diesem Ur-Gespräch. Nur daraus kann sich etwas entwickeln.

Die Wüste, das ist auch eine Krankheit, das sind Stunden der Verlassenheit oder der quälenden Fragen. Eine Fastenwoche kann sie ebenso sein wie eine Wanderung durch die Eifel. Jeder kann selbst sagen, was für ihn „die Wüste" ist.

Aber alles beginnt in der Wüste. Die W-Fragen werden gestellt: Woher kommen wir? Wohin gehen wir? Wozu lohnt es sich zu leben? Was ist der Sinn von allem? Warum musste das gerade mir geschehen? Wie soll ich damit nur zurechtkommen?

Philippus versucht, dem Äthiopier die Schrift zu deuten. „Verstehst du auch, was du liest?“ So entsteht ein Dialog. Hier wendet sich einer dem anderen ganz persönlich zu.

Der Finanzminister hat sich in Jerusalem eine Schriftrolle gekauft. Das war kein billiges Mitbringsel. Er liest ein Stück aus der Jesajarolle (Jesaja 53, 7b–8c). Es ist ein Lied. Das Lied vom leidenden Gottesknecht. Philippus bezieht es auf Jesus. Gott hat gehandelt. Er hat das Leben Jesu bewahrt. Das ist ein Kernstück der urchristlichen Christologie.

Wir werden an die Emmausgeschichte erinnert. Sie wissen: Da erklärt Jesus den beiden trauernden Jüngern, die denken, mit dem Tode Jesu sei nun alles aus, genau diesen Text. Auch dort wird das Christusgeschehen als Erfüllung alttestamentlicher Schriftstellen erklärt.

Hier aber verkündigt Philippus das Evangelium. Sie kommen an einem Wasser vorbei. Der Äthiopier bittet um die Taufe. Wie die Taufe vollzogen wurde, wissen wir nicht. Eine spätere Generation hat eingefügt – und das wissen wir aus einer anderen Handschrift: „Da sagte Philippus zu ihm: Wenn du aus ganzem Herzen glaubst, ist es möglich. Er antwortete und sprach: Ich glaube, dass Jesus Christus der Sohn Gottes ist.“ Wir kommen darauf noch zu sprechen.

Dann trennen sich beide wieder. Philippus wird „entrückt“. Der Äthiopier zieht seine Straße fröhlich. Freude ist das Grundthema bei Lukas.

- Lukas 1,14: „Und du wirst Freude und Wonne haben, und viele werden sich über seine Geburt freuen.“
- Lukas 2,10: „Fürchtet euch nicht! Siehe, ich verkündige euch große Freude, die allem Volk widerfahren wird.“
- Lukas 24,52: „Sie aber beteten ihn an und kehrten zurück nach Jerusalem mit großer Freude“.

Für den äthiopischen Finanzminister war die Taufe der größte Aufbruch in seinem Leben. Jetzt war etwas ganz Neues in sein Leben gekommen.

Wenn wir über die Heilige Taufe nachdenken, ist uns diese Geschichte sehr wichtig. Da hört einer etwas von

Jesus. Er bekennt seinen Glauben. Er wird getauft. Bei unserer Kindertaufe ist es anders. Da wird ein Kind getauft. Es hört etwas von Jesus. Es sagt irgendwann: Ich glaube. Meist bei der Konfirmation.

Nun ist in unseren Kirchen natürlich längst jede Art von Taufe möglich: Zuerst die Säuglingstaufe. Sie ist für Kinder, deren Eltern sich zutrauen, ihr Kind im christlichen Glauben zu erziehen. Dann die Kindertaufe. Sie ist für Kinder, die in den ersten Schuljahren schon etwas von Jesus gehört haben und gern getauft werden möchten.

Weiter gibt es die Taufe Heranwachsender. Meist geschieht sie so im traditionellen Konfirmandenalter. Aber manchmal auch etwas später, wenn die Konfirmation erst ab sechzehn Jahren geschieht. Heute kommen zunehmend auch Erwachsenentaufen vor. Ein Mensch, der Christ werden will, kann sich in jedem Alter taufen lassen.

Die Reihenfolge „Kenntnis von Jesus – Glaube – Taufe“ betont den eigenen Glaubensakt. Aber ab wann kann ein Mensch glauben? Ist Glaube nicht immer ein Geschenk? Darüber muss mit Taufbewerbern jeden Alters oder eben mit deren Eltern gesprochen werden. Dass Glaube ein Geschenk ist, kommt meiner Meinung nach besonders gut in der Säuglingstaufe zum Ausdruck.

Die Taufe aber ist immer ein Aufbruch, ein Neuanfang, ein einmaliges Ereignis. Deshalb anerkennen die unterschiedlichen Kirchen auch die Taufen der anderen.

Einer wurde durch das Leben getauft. Es ging ihm gut. Er war erfolgreich. Er hatte einen schönen Beruf. Er war verheiratet. Er hatte Kinder. Er stand auf der Sonnenseite des Lebens. So sahen es jedenfalls seine Freunde. Er tat auch viel für andere. Es gelang ihm eigentlich alles. Aber dann kam die böse Krankheit. Alles änderte sich. Er wurde einsam. Er fing an zu fragen. Er war in die Wüste geschickt worden. Warum das alles?

Ein anderer Mensch suchte wie alle sein Lebensglück. Er hatte eine Arbeit, die ihm Spaß machte. Er hatte ein sehr gutes Einkommen. Die meisten seiner Wünsche konnte er sich erfüllen. Er reiste in der Welt herum. Er probierte dies und jenes. Eine Weile war er Kommunist in Kuba. Dann lebte er in Indien. Er interessierte sich für die Weisheiten des Fernen Ostens. Er besuchte Meditationskurse, die viel Geld kosteten. Später kaufte er sich eine Bibel und besuchte christliche Gottesdienste. Aber es blieb ihm vieles fremd. Das wirkliche Glück hatte er nirgends gefunden.

Aufbrüche finden sich immer wieder in der Geschichte der Kirche. Augustin, der Kirchenvater, lebte vor seiner Taufe nicht wie ein Heiliger. Franz von Assisi fand spät das Glück der Armut. Martin Luther sollte Rechtsanwalt werden nach dem Willen seines Vaters und ging ins Kloster. Albert Schweitzer studierte sogar Theologie und fand doch sein Lebensglück in der ganz konkreten Zuwendung zum Menschen. Seine Bekehrung liest sich besonders schön.

Am Sonntagmorgen war er mit seiner „Schnippgabel" unterwegs, um Vögel zu schießen. Gerade, als er abziehen wollte, begannen die Glocken zu läuten. Später fand er das einfache Wort von der „Ehrfurcht vor dem Leben". Er kam zu der Grunderkenntnis: „Ich bin Leben, das leben will, inmitten von Leben, das leben will".

Welche Aufbrüche wären bei uns möglich, wenn wir nur wollten! Was für Glaubenszeugnisse könnten wir ablegen, wenn wir nicht an den Dingen hingen und wenn wir nach dem Wort hinter den Wörtern suchten! Wir fänden Lebensbereiche für die anderen und uns, mit denen wir nie gerechnet hätten.

Haben Sie Freude am Spiel? Lassen Sie doch einmal den Philippus dem Äthiopier nach, sagen wir, zehn Jahren, noch einmal begegnen. Vielleicht in Jerusalem oder in Caesarea. Was könnten sie sich fragen und sagen?

Bist du aber alt geworden. Du siehst gut aus! Weißt du noch: damals in der Wüste und am Wasser? Wie ist es dir inzwischen ergangen? Hast du eine christliche Gemeinde gefunden oder gegründet? Wie feiert ihr die Gottesdienste? Was ist euch wichtig am Glauben? Was tut ihr für euren Glauben? Wie haltet ihr es mit der Taufe? Welche Symbole sind euch im Glauben wichtig? Feiert ihr die Geburt Jesu? Worauf sind die Menschen ansprechbar? Was brauchen sie für ihr Leben? Was brauchen wir für unser Leben?

Paulus

Mit ganzer Kraft und Leidenschaft

41 Fragen und Antworten

1. Wo und wann wurde Paulus als Saulus geboren?

In Tarsos, der Hauptstadt der römischen Provinz Kilikien, etwa um den Beginn unserer Zeitrechnung, Apostelgeschichte 21,39; 22,3.

2. Was bedeutet der Name Scha-ul?

Er wird mit „der Erwählte" übersetzt.

3. Wo lebten die Verwandten des Saulus hauptsächlich?

Sie lebten in Gush Halav, im Norden Israels.

4. Welcher Geograph nennt das heute unbedeutende Tarsos als Zentrum griechischer Bildung mit Athen in einem Atemzug?

Strabon (XIV 673)

5. Paulus redet mit Stolz von seiner Abstammung aus Israel. Was sagt er dazu nach 2 Kor 11,22; vgl. auch Römer 11,1?

„Sie sind Hebräer – ich auch! Sie sind Israeliten – ich auch. Sie sind Abrahams Kinder – ich auch."

6. Ähnlich lesen wir es im Philipperbrief 3,5. Was steht da?

„ ... der ich am achten Tag beschnitten bin, aus dem Volk Israel, dem Stamm Benjamin, ein Hebräer von Hebräern, nach dem Gesetz ein Pharisäer ...“

7. Wie viele Juden lebten zur Zeit des Paulus im römischen Reich?

Etwa 4 bis 5 Millionen, das waren 7 % der Gesamtbevölkerung. Sie lebten in Palästina, in Ägypten und Syrien, besonders in den großen Städten, Alexandria, Antiochia und Damaskus.

8. Was hatten die Juden im römischen Reich für Rechte?

Sie durften ungestört ihren Kult ausüben. Sie durften ihre Gemeinden religiös und politisch organisieren, ihr Vermögen verwalten und ihre eigene Gerichtsbarkeit ausüben. Sie waren sogar vom Kaiserkult freigestellt und mit Rücksicht auf das Sabbatgebot oft sogar vom Militärdienst.

9. Hatten die Juden damit auch das römische Bürgerrecht?

Ja, vor allem in den Städten. Das galt auch für Paulus, schon von seiner Geburt an (Apostelgeschichte 16,37; 22,28).

10. Ist Paulus denn nicht in einem Getto aufgewachsen?

Nein, sondern er entstammt einer sozial und bürgerlich durchaus gleichberechtigten Familie. Ob seine Familie dreimal im Jahr nach Jerusalem pilgerte, nämlich am Jom Kippur, dem Versöhnungstag, fünf Tage vor dem Laubhüttenfest, zum Paschafest mit dem abschließenden Fest der ungesäuerten Brote oder zum Schawuotfest, fünfzig Tage danach, einem Fest, an dem man sich an die Erwählung im Sinaibund erinnerte, ist nicht belegt, aber durchaus wahrscheinlich.

11. Was war das Besondere am Judentum in der damaligen Welt?

Die religiöse und weltanschauliche Umwelt war sehr zerklüftet. Die Welt hatte sich ausgeweitet. Der Mensch war vereinzelt worden. Die alten Opfer und Priesterdienste waren verbraucht. Die Göttermythen trugen nicht mehr. Die Vermischung der alten Religionen mit östlichen Kulten machte alles noch verworrener und fremder.

Das Judentum war anders und damit auch fremd. Es fiel auf durch den Glauben an den einen, unsichtbaren, nicht beweisbaren Gott. Durch die Strenge seines Gesetzes, durch Sabbatheiligung und Speisevorschriften. Durch seine ehrwürdige Geschichte und die Ankündigung des künftigen Gerichts. Durch die Verheißung von Frieden und Gerechtigkeit unter dem Zeichen des kommenden Messias.

12. Welchen Einfluss hatte der Hellenismus auf das Judentum der damaligen Zeit?

Es gab ein hellenistisches Judentum. „Die Synagoge war an die Stelle des Tempels getreten, die Auslegung der Tora an die Stelle des Opfers, der Schriftgelehrte und Gesetzesweise an die Stelle des Priesters" (so im Paulus-Buch von Günther Bornkamm). Es entwickelte sich im Judentum eine Denkweise, die alle Menschen einbezog. Das Alte Testament wurde in die griechische Sprache übersetzt. (Septuaginta genannt, nach der legendären Zahl ihrer 70 Übersetzer).

13. Welcher jüdischen Richtung schloss sich der Diasporajude Saulus an?

Er folgte einer Tradition seiner Familie (Apg 23,6) und schloss sich den Pharisäern an. Das war die in Lebenspraxis und Mission strengste gesetzliche Richtung. In seinen Briefen lassen sich die Nachwirkungen seiner hellenistischen und pharisäischen Denkweise feststellen.

14. Zu welcher Bibelschule gehörte Saulus in Jerusalem?

Er schloss sich der Schule des Rabbi Gamaliel an. Der lehrte auf den Tempelstufen und galt als vergleichsweise liberal.

Er hatte sich auch dafür eingesetzt, die Lehre des Jesus von Nazareth nicht zu verdammen. Auch Stephanus war ein Schüler des Gamaliel.

15. Welchen praktischen Beruf hatte Saulus dazu gelernt?

Aus Apg 18,3 erfahren wir, dass er Zeltmacher war. In seinen Briefen hören wir oft, dass er sich seinen Unterhalt mit diesem Beruf verdiente (1 Thess 2,9; 1 Kor 4,12; 2 Kor 11,27).

16. Was war das Damaskuserlebnis des Saulus?

Es war eine umstürzende Erfahrung. Von einem Augenblick zum anderen erscheinen ihm Jesus und das Christusgeschehen in einem neuen Licht. Der Auferstandene lebt.

17. Woran wurde deutlich, dass sich im Leben des Paulus etwas geändert hatte?

Er wurde blind. Er ließ sich taufen. Er ging nach Arabia – in die „Wüste".

18. Wer herrschte dort?

Die Herren von Arabia waren die Nabatäer. Sie beherrschten das Gebiet vom syrischen Damaskus über Amman bis in den Südnegev und dem Sinai.

19. Wie lange lebte Paulus dort?

So etwa zwei bis drei Jahre. Es war für ihn eine Zeit der Klärung, der Unterscheidung der Geister. Die Gottesfrage wird sich ihm dort neu gestellt haben. Er überdachte sein Leben. Er wird daran gedacht haben, wie sich Gott einst in der Wüste mit seinem Namen offenbart hatte: „Jahwe – ich bin, der ich bin" oder: „Ich werde sein, der ich sein werde!" Er wird daran gedacht haben, dass und wie Jesus der unverzichtbare Name Gottes für uns geworden ist.

20. Was machte Paulus danach?

Er ging zur Urgemeinde nach Jerusalem und wohnte fünfzehn Tage bei Petrus. Er versöhnte sich mit der Gemeinde und wurde von ihr anerkannt.

21. Wo hielt sich Paulus danach auf?

Er predigte elf Jahre in Syrien und Kilikien (Gal 1,21).

22. Wann ist Paulus wieder in Jerusalem?

Zum Apostelkonvent, etwa 48/49 n. Chr. (Apg 11, Gal 2).

23. Was war für ihn das wichtigste Ergebnis des Apostelkonvents?

Er wurde von den anderen Aposteln in seiner Art, Gemeinde zu bauen, akzeptiert. Seine Gemeinden wurden der in Jerusalem gleichgesetzt. Paulus lehrt: Der Gott Israels ist der Gott aller Völker. Seine Gnade und Barmherzigkeit gilt allen Menschen auf der Erde.

24. Was sagt Paulus über sein Volk?

Er liebt es (Römer 9,2) und nennt es den „edlen Ölbaum", aus dem einige Zweige ausgebrochen sind. Eingepfropft wurden Zweige aus dem wilden Ölbaum, den Heidenvölkern (Römer 11,24). Es fließt der Saft des Lebens und es entsteht eine neue Einheit.

25. Was war der Hauptkonflikt in der Zeit des ersten Christentums innerhalb der verschiedenen christlichen Richtungen?

Das war der Konflikt zwischen den Judenchristen und den Heidenchristen. Wenn die Judenchristen auf der Beschneidung als Voraussetzung für das Christsein bestanden hätten, wäre das Christentum eine unbedeutende jüdische Sekte geblieben und wahrscheinlich aus der Geschichte verschwunden.

26. Was macht die besondere Persönlichkeit des Paulus aus?

Er hatte eine ganz persönliche Beziehung zu diesem gekreuzigten und auferstandenem Herrn. So konnte er den Heiden das Evangelium bringen.

27. Was könnte uns an der Person des Paulus faszinieren?

Seine Leidenschaft. Wie er sich um seine Gemeinden kümmert. Wie er sie in sein Herz genommen hat. Wie er ihre Probleme aufnimmt und zu lösen versucht. Auch war er sehr tapfer und voller Kraft.

28. Als was versteht sich Paulus?

Er versteht sich wirklich als ein Apostel Jesu. Was heißt es, dass Jesus lebt? Was bedeutet das für mein Leben? Was müsste ich ändern in meinem Leben, um ihm gerecht zu werden?

29. Was könnten wir noch an Paulus bewundern?

Dass er öffentlich predigte. Er schrieb viele Briefe. Er sprach Menschen ganz persönlich an. Seine Umwelt kam in dem, was er zu sagen hatte, vor. Er setzte sie in Bezug zu dem, was Jesus wollte und will.

30. War Paulus eine Provokation für seine Umwelt?

Ja, das war er und das ist er. Die Einseitigkeit, mit der Paulus die Wahrheit ausschließlich am Kreuz Christi suchte, muss befremden: Man ist fasziniert oder man ist abgestoßen.

31. In welchem Verhältnis stand Paulus zur Botschaft von Jesus Christus?

Paulus wiederholte nicht die Predigt Jesu vom Kommen der Gottesherrschaft. Jesus Christus selbst, sein Tod, seine Auferweckung, das durch ihn eröffnete Heil, sind Inhalt seiner Verkündigung. Paulus erzählt nichts vom Leben des irdischen Jesus. Er erinnert nicht an den Rabbi von Nazareth, an den Propheten und Wundertäter, an den Tischgenossen der Zöllner und Sünder.

Er erwähnt weder die Bergpredigt noch die Gleichnisse vom Reich Gottes oder Jesu Auseinandersetzungen mit den Pharisäern und Schriftgelehrten. Das Vaterunser kommt bei Paulus nicht vor. Nur wenige Worte Jesu bedenkt er: 1 Kor 7,10f.; 9,14; 11,23; 1 Thess 4,15.

Paulus stellt die Person Jesu, seine Bedeutung und sein Wirken in die Geschichte Gottes mit seiner Welt. Das ist gut zu erkennen an den Hoheitsnamen, mit denen er Jesus betitelt: Messias, Christus, Kyrios, Menschensohn, Gottessohn.

Paulus bedient sich überkommener Überlieferungen der Gemeinde vor ihm. Er erinnert die Korinther an das, was er selbst empfangen und weitergeben hat (1 Kor 15,3; 11,23). Paulus versucht, mit eigenen Worten und neuen Ansätzen die urchristliche Botschaft weiterzusagen.

32. Welche Bedeutung hat das Gesetz in seiner Verkündigung?

Erst von Christus her erschloss sich ihm das Gesetz. Es war für ihn Lebensgrundlage aller Menschen, für Juden und Heiden. Für den aus dem Judentum kommenden Paulus ist das Gesetz Gottes Anruf und Weisung zu Heil und Leben (Röm 2; Röm 7). Dieser Aufgabe aber wird das Gesetz nicht gerecht, wenn es nicht universal gedacht wird, als gültiger Maßstab für alle Menschen.

Alle stehen unter der Gewalt der Sünde (Röm 3,9). Alle Menschen bleiben gottverschlossen, auf sich selbst bezogen oder, wie Luther sagt, „in sich gekrümmt". Alle Menschen wollen ihren eigenen Willen gegen Gottes Willen durchsetzen. „Ich will das Gute und tue das Böse" (Römer 7,15ff.).

Alle Menschen sind so. So sind sie auch solidarisch miteinander. Nur die Gnade kann daraus befreien.

33. Was bedeutet es, wenn Mensch und Welt im Lichte Gottes betrachtet werden?

Mensch und Welt gehören zusammen. Auf der Welt liegt der riesige Schatten des schuldigen Menschen. Alle warten auf die herrliche Freiheit der Kinder Gottes (Röm 8,19–21).

Der wichtigste Begriff in diesem Zusammenhang ist der Begriff „Leib". Er wird von Paulus bezogen auf die leibliche Anwesenheit, auf körperliche Schmerzen, auf den Geschlechtsverkehr und allgemein auf die physischen Kräfte.

Das antike Bild von der Einheit des Leibes und der Unterschiedlichkeit seiner Sinne und Glieder ist Paulus vertraut (1 Kor 12,12ff.).

Leib ist für Paulus der Mensch in seiner konkreten Wirklichkeit. Er *hat* nicht einen Leib. Er *ist* Leib.

„Eure Leiber gehören Christus" (1 Kor 6,15). Das bedeutet dasselbe wie: „Ihr aber seid Christi Leib!" Mit „Leib" ist die Menschlichkeit des Menschen gemeint. In dem Sinne steht der Mensch unter der Sünde.

Sünde ist Feindschaft gegen Gott (Röm 5,6ff; 8,7). Ihm wird Ehre und Dank verweigert. Alles endet im Tod. Den Todeskreis kann das Gesetz nicht aufsprengen.

34. Wodurch wird der Mensch gerettet?

Durch die Rechtfertigung allein durch den Glauben. Der Mensch soll aus Gottes Gerechtigkeit leben. Das heißt die Gerechtigkeit Gottes wird dem Menschen geschenkt.

Römer 1,17 redet Paulus von der Gerechtigkeit Gottes und der der Glaubenden. Beides ist Gottes Gerechtigkeit.

Nur die Gerechtigkeit Gottes ist nach Paulus für den Menschen die Rettung vom Tod und der Zugang zum Leben (Röm 1,17; Phil 3,9ff.).

Gott eignet seine Gerechtigkeit dem Menschen zu. Aktiv dabei ist nur Gott. Er macht den Glaubenden gerecht: Röm 3,26. Er spricht gerecht: Röm 4,5; 8,30; Gal 3,8. Der Mensch wird gerecht gesprochen: Röm 3,20.28.

Gott allein entscheidet über Sein und Nichtsein, über Tod und Leben. Gott sagt Ja zu den Gottlosen.

35. Wie ist das mit der Gnade gemeint?

Durch Christus, durch den Glauben allein: Die Gerechtigkeit Gottes ist in dem Sühnopfer offenbar geworden: Röm 3, 21ff. Alle, die den Glauben an Jesus Christus annehmen, werden gerecht gesprochen: Röm 3,26.

Paulus schließt dieses große Kapitel mit einem Siegesruf: „Wo bleibt nun das Rühmen? Es ist ausgeschlossen. Durch welches Gesetz? Das der Werke? Nein, sondern durch das Gesetz des Glaubens. Denn wir rechnen damit, dass der Mensch allein durch den Glauben gerecht wird ohne die Werke des Gesetzes“ (Röm 3,27f.).

Paulus spricht von Gottes Gnade und er spricht von Gottes Liebe: Röm 5,8; 2 Kor 5,14; Gal 2,20. Immer meint er damit das Handeln Gottes durch Tod und Auferstehung Christi.

36. Was versteht Paulus unter „Glauben“?

Der Glaube hat sein Wesen von der Gnade. Glaube ist immer Glaube an …: Gal 2,16; Röm 10,14; Phil 1,29.

Glaube ist aber auch Glaube, dass …: Röm 6,8; Er ist die Annahme der Heilstat Gottes im Vertrauen und Gehorsam: Röm 1,5; 6,16; 2 Kor 10,5.

Glaube ist Bedingung des Heils, aber nicht Vorbedingung und Vorleistung. Glaube ist Annahme der Christusbotschaft, also Annahme von Christi Tod, Auferstehung und Erhöhung.

Wenn Glaube als Empfangen und Gehorsam eins sind, dann sind Ungehorsam und Unglaube auch eins: Röm 16,19.

37. Wem gilt dieses Heilsgeschehen?

Glaube ist immer die Sache eines Einzelnen: 2 Kor 5,11. Gott befreit den Menschen, indem er ihn als verantwortlichen Sünder und als begnadetes Geschöpf Gottes anspricht. Der Mensch bleibt in seiner Wirklichkeit.

Er bekommt gesagt, dass Gott ihn darin gesucht und gerettet hat. Paulus meint die Geschichte Gottes mit den Menschen. Gott ist der, „der die Toten lebendig macht und dem Nicht-Seienden ruft, dass es sei" (Röm 4,17).

Zwischen Abraham und den Glaubenden spannt sich ein weiter und fester Bogen.

38. Was heißt das, im Glauben und aus dem Glauben zu leben?

Paulus verwendet dazu häufig Aussagen, die unser Sein betreffen oder mit unserem Alltagsleben zu tun haben. So ist die Rede vom Anziehen Christi: Gal 3,27; Röm 13,14; vom Leib und seinen Gliedern: 1 Kor 12,12ff.; Röm 12,4f.

Leben im Glauben heißt für Paulus Leben im Frieden mit Gott, der sich mit uns versöhnt hat: Röm 5,1ff.; 2 Kor 5, 17ff. Schwierigkeiten bleiben nicht aus. Aber wir begegnen der Welt und ihren feindlichen Mächten als die Geliebten Gottes und darum als Sieger (Röm 8,31–39).

Röm 8,28: „Wir wissen aber, dass denen, die Gott lieben, alles zum Guten helfen muss, denen, die nach seinem Ratschlag berufen sind."

Wer auf Christi Tod getauft ist, ist der Sünde gestorben (Röm 6,3). Leben im Glauben bedeutet auch Freiheit vom Gesetz (Röm 7; Gal 3).

Der Glaube aber ist in der Liebe wirksam. Wiederholt ist bei Paulus auch von Glaube, Liebe, Hoffnung die Rede: 1 Kor 13,13; 1 Thess 1,3; 5,8; Gal 5,5f.; Röm 5,1–5. Aus dem Glauben leben heißt, ein Leben zu führen, in dem „alles neu geworden ist!"

39. Wie kann der Mensch in Christus sein und bleiben?

„In Christus" zu sein, ist zuerst eine Weise des Redens, Denkens, Wirkens und Leidens, das diesem „In Christus-Sein" entspricht.

Aber ist es auch ein Hinweis darauf, was durch Christus an dem Glaubenden geschehen ist? Durch ihn hat uns Gott seine Liebe bewiesen: Röm 8,39. Durch ihn sind die Glaubenden berufen, gerechtfertigt, versöhnt, befreit und geheiligt.

In „Christus sein" bedeutet aber auch, der Machtsphäre des Verderbens entnommen zu sein. Gal 2,20a: „Ich lebe, aber nicht ich, sondern Christus lebt in mir."

40. Was soll das „Wort hinter den Wörtern"?

Mit der Verkündigung dessen, der den Tod überwunden hat, strahlt das Licht eines neuen Schöpfungstages in den Herzen der Gläubigen (2 Kor 4,6). Das Wort der Verkündigung ist sein Wort (Röm 10,17). Es ist „das Wort vom Kreuz" (1 Kor 1,18).

Das Wort vom Kreuz steht in einer Antithese zur Weisheit dieser Welt (1 Kor 1,18–3,20). Es ist den Juden ein Ärgernis, ein Skandalon, und für die Griechen eine Narrheit.

1 Kor 4,9–13: „Ich denke, Gott hat uns Apostel als die Allergeringsten hingestellt, wie zum Tode Verurteilte. Denn wir

sind ein Schauspiel geworden der Welt und den Engeln und den Menschen. Wir sind Narren um Christi willen; ihr aber seid klug in Christus, wir schwach, ihr aber stark; ihr herrlich, wir aber verachtet. Bis auf diese Stunde leiden wir Hunger und Durst und Blöße und werden geschlagen und haben keine feste Bleibe und mühen uns ab mit unserer Hände Arbeit. Man schmäht uns, so segnen wir; man verfolgt uns, so dulden wirs, man verlästert uns, so reden wir freundlich. Wir sind geworden wie der Abschaum der Menschheit, jedermanns Kehricht, bis heute."

41. So viel Theologie ... – Was gibt es denn noch über das Leben des Paulus zu wissen?

Die Reisen des Apostels Paulus sind in jeder Bibel angegeben und in der Apostelgeschichte des Lukas können wir die besonderen Ereignisse miterleben.

Abbildungen

S. 11: Kain und Abel, Elfenbeintafel, Kathedrale von Salerno, 11. Jahrhundert
S. 17: Michelangelo: Mose. Petersdom in Rom, 1737
S. 37: Rembrandt: Die Versöhnung von Jakob und Esau, Federzeichnung, um 1655
S. 42: Rembrandt: Bileam und die Eselin, 1626
S. 67: Joachim Patinir: Taufe Christi, 1515–1524
S. 75: Christus am Kreuz, Sakramentar aus Lorsch vom Meister des Registrum Gregorii, um 980
S. 99: Kreuzabnahme und Grablegung, Perikopenbuch des Erzbischofs von Trier, 980/990
S. 115: Pietro Perugino, Christus übergibt Petrus den Schlüssel, Sixtinische Kapelle in Rom, 1482 (Ausschnitt)

Wir danken Martina Steinkühler für die freundliche Beratung und Begleitung.